男神成了我的小三
Idol Became My Mistress
上
草草泥
EnLin 繪

楔子

此刻正值晚餐時段，繁華的首都一角，有一間熱鬧非凡的餐廳，裡頭座無虛席，門外也排了十幾組客人。

這間著名的五星好評餐廳，除了餐點豐富美味外，也以富有情調的浪漫裝潢以及每晚固定的駐唱歌手演出著稱，被眾多美食部落客評選爲情侶必訪的餐廳，若沒有事先訂位，現場得候位至天荒地老。

然而這間餐廳正面臨一場重大危機，「十大情侶必訪餐廳」的名號很可能在今晚毀於一旦。

「你說你趕不過來？開什麼玩笑！」員工休息室裡，餐廳老闆暴跳如雷地對著電話大吼，「不是跟你說了今天有客人要求婚，一定得準時嗎？你擔負了最重要的環節啊！」

內場工作人員面面相覷，紛紛豎起耳朵偷聽，不敢吭聲。

「你這個駐唱歌手不來唱歌，客人要怎麼求婚？人家特地指名你來唱，現在樂團到了，所有賓客也都已經入座，你跟我說出車禍來不了，我要怎麼跟客人交代？」

對方在電話另一頭拚命道歉，透過話筒老闆聽見警車的鳴笛聲，便知此事已無可挽回，便逕自掛了電話，臉色陰沉地推門走進廚房。

「今天駐唱那傢伙上班途中騎車跟人擦撞，來不了了，你們誰跟其他歌手很熟，還是有很會唱歌的親朋好友，現在立刻打電話問有沒有人能趕過來。要是找不到人代替他表演，這間餐廳就等著關門大吉！」

開什麼玩笑，誰都可以惹，今天那位偏偏就是絕對不能惹的。

那位要求婚的客人是餐廳的老常客，也是知名美食部落客，交遊廣泛，朋友遍布各個圈子。爲了今天的求婚，老常客特地指名那位駐唱歌手，假裝碰巧演唱了某一首對他和女友別具意義的歌曲，藉著與台下觀眾互動的名義，點名那位老常客跟他女友上台，在氣氛high到最高點時，老常客會順勢掏出戒指求婚。

換句話說，駐唱歌手是這場求婚計畫中最重要的環節。

老闆看了一眼藏在餐廳角落的攝影機，頓時感到一陣暈眩。要是搞砸了老常客的求婚計畫，這事一傳出去，餐廳的名聲眞的就完蛋了。

就在此時，一道溫潤的嗓音從他身旁傳來。

「那個……不然我上去唱？」

此話一出，所有人紛紛看向說話的青年，他穿著外場服務生制服，手上還拿著托盤，神情一派輕鬆，彷彿只是在問內場需不需要人幫忙。

老闆狐疑地盯著這位員工，一時不知該不該相信他。

葉允橙，餐廳裡知名的螞蟻帥哥。他就像隻螞蟻般勤勞，上班從不請假，任何同事找他代班都樂意答應，問他喜歡什麼東西，答案永遠都是垃圾食物與冰冰甜甜的珍奶。想跟螞蟻談戀愛？別傻了，那隻螞蟻老是嚷嚷著還有其他兼差要做，一下班就不見人影。

除了賺錢，葉允橙唯一的樂趣就是大啖垃圾食物，對談戀愛一點興趣也沒有。老闆就曾聽外場領班如此安慰告白失敗的服務生妹妹。

據說葉允橙被告白時很錯愕，服務生妹妹追得如此勤奮，搞得所有員工人盡皆知，就他一個人毫無所覺。

然而，眾人對葉允橙的了解也僅限於此，葉允橙會不會唱歌？唱功如何？整間餐廳沒人知道，也沒人聽過他唱歌。

「葉允橙，這可不是鬧著玩的，要是你唱得太差，整間餐廳都得跟著陪葬，你確定沒問題？」老闆沉著一張臉警告他。

葉允橙點點頭，嘴角含笑，神情真摯：「可以的，我的興趣是唱歌。」

所謂死馬當活馬醫就是這麼回事，儘管老闆心裡百般不願，但在沒有其他歌手救場的情況下，葉允橙最後還是站到了麥克風前。

眾人注視著他，整間餐廳的命運霎時落到他的手上。

即便如此，他依舊從容，「怯場」這個詞從不存在於他的字典裡。

葉允橙微微吸一口氣，開始演唱。

也就是從這一刻開始，他的人生迎來巨大的轉變。

第一章 You're My Everything

時光飛逝，兩年眨眼就過。當年那間面臨倒閉危機的餐廳如今一位難求，臨近營業時間，預約電話便接連不斷響起。

一名畫著淡妝的駐唱女歌手站在小小的舞台上，環顧周遭滿滿當當的客人，她嫣然一笑，聲音如鈴：「接下來我要唱的這首歌，大家一定都聽過，原唱者是一位才華洋溢的歌手，他的歌聲被譽爲上帝吻過的嗓子，容貌美好得宛若天使。人們都說他天生就是要成爲明星，短短兩年便成爲歌壇最耀眼的新秀。」

這番話讓台下的客人們跟著興奮起來，女歌手加深笑容，手指放到了吉他弦上，「讓我爲大家帶來葉允橙的出道單曲〈今生只想與你走紅毯〉。」

女歌手的聲音如同一抹溫柔的月光，隱約流洩至餐廳外的街道上。附近商城的牆面上懸掛著斗大的海報，海報上是一位容貌俊秀的西裝男子。男子身形修長，笑容令人心醉，他朝鏡頭伸出手，身旁還印著一行文案——今生只跟你走紅毯。

「嗚嗚嗚，我快失血而死了，這間西服品牌也太會了，橙橙帥成這樣誰受得了？」

「橙橙的盛世美顏太好看！不愧是我老公！」

幾名粉絲聚集在海報前瘋狂拍照，臉上無一不露出著迷的表情。此時商城二樓外牆巨型ＬＥＤ看板正好播放一段西服廣告，廣告裡的模特正是海報上的男子，他穿著西服在鏡子前打領帶，途中瞄了一眼鏡頭，微微一笑，這一笑讓粉絲們嗷嗷亂叫。

那群女孩沉浸在美好的廣告中，完全沒注意到廣告男主角本人正站在離她們不到幾公尺遠的地方。

比起斗大的海報以及ＬＥＤ廣告，葉允橙更在意面前的飲料店。他戴著口罩和帽簷頗寬的黑色漁夫帽，將自己遮得嚴嚴實實，安靜地站在飲料店的大型廣告立牌旁，視線緊盯著店家近期主打的白玉珍珠奶茶。

「那個……客人……」

葉允橙已經站在那裡看了三分鐘，店員以為他是想喝卻喝不起，頗有些於心不忍，於是倒了一小杯遞過去，同時親切地向他搭話：「要不要試喝看看？這款珍奶是我們家的主打商品，很好喝喔。」

葉允橙目光灼熱地盯著試喝杯，掙扎了許久，最後用力搖搖頭。

「謝、謝謝，不用了。」他狼狽地逃離飲料店，直到離飲料店夠遠了，葉允橙這才一屁股坐在路邊的長椅上，疲憊地嘆了口氣。

到底爲什麼會變成這樣？

要是那些粉絲知道他為了代言西服品牌錯過了多少杯珍奶，還有辦法看得那麼開心嗎？這可是他犧牲珍奶換來的！

這一切都要從兩年前說起。

人生就是處處充滿驚喜，那一天，葉允橙代替無法到場的駐唱歌手登台演唱，結果一唱成名。喜歡唱歌是一回事，但唱得比原本的駐唱歌手更好又是另一回事了。

當預定要向女友求婚的老常客看到穿著服務生制服的葉允橙上台時，老常客臉都綠了，可當葉允橙一開口，餐廳裡所有的客人都安靜了下來，連葉允橙的同事們也都目瞪口呆。

葉允橙的歌聲宛如天籟，老常客的女友被歌聲蘊藏的情感所感動，不僅讚不絕口，甚至還眼眶泛淚。最後老常客上場求婚的時候，他女友感動得不得了，還以為男友特地找歌手喬裝成服務生上台唱歌助攻。

這段求婚影片被現場其他顧客放到網路上後，引起了廣大的回響，網友們很欣羨幸福的新娘，並熱烈討論起影片裡的歌手。葉允橙瞬間成為網路紅人，老常客更邀請葉允橙前往他的婚禮高歌一曲。

葉允橙為此特地寫了一首歌〈今生只想與你走紅毯〉，當他在那位老常客的婚禮上首次演唱這首歌時，許多人都注意到葉允橙擁有成為職業歌手的潛力。

這段婚禮演唱的影片也被現場賓客放到網路上，沒過多久，一間名為藍星音樂的新創娛樂經紀公司便主動找上門，開啓了葉允橙的歌手之路。

在公司的推波助瀾下，葉允橙的那兩支影片流傳越來越廣，點閱數節節攀升，經紀人順勢爲他接下不少與婚禮有關的品牌廣告，像是鑽戒、婚紗、婚宴會館等。有時也會安排他去某些婚禮現場表演，藉此增加話題性。

偶爾一兩次還好，但拍攝廣告機會一多，葉允橙就不得不注意身材了。

經紀人多次告誡葉允橙不能再毫無節制地喝含糖飲料、吃垃圾食物。儘管不想犧牲大啖美食的愛好，可葉允橙也不想跟錢過不去，爲了演藝事業，他只能乖乖聽話。

他站起身，決定遠離傷心地。可惜這裡是適合螞蟻居住的甜飲之都，放眼望去總能瞄到飲料店，葉允橙假裝什麼都沒看到，一路搭捷運來到他所屬的娛樂公司。

「葉先生。」當他走進大樓準備搭電梯時，大樓管理員親切地叫住了他，「有你們公司的包裹喔。」

葉允橙隨口應了一聲，他已經習慣管理員的火眼金睛，不管他怎麼喬裝打扮都瞞不過管理員的眼睛。他聽這棟商業大樓其他公司的人說過，這位管理員似乎有過目不忘的認臉能力，連哪家公司的客戶都能記住。

他把包裹夾在腋下，刷感應卡搭電梯到公司所在的樓層。

這年頭一人也能開公司，藍星音樂說好聽點叫娛樂公司，實際上是間小工作室，當他走進工作室時，其他人很隨意地向他打過招呼，轉頭就去忙自己的事了。

葉允橙隨手將包裹交給其他員工，順便詢問經紀人的下落。

「家麟哥目前在忙，他請你們先到會議室等候。」

得到這個答案後，葉允橙熟門熟路地打開會議室的門，公司另一位簽約歌手已經在裡面了。

許晉元，藍星音樂簽下的另一位潛力歌手。與葉允橙清秀乾淨的長相不同，許晉元五官立體，目光銳利，渾身散發著過剩的男性賀爾蒙，裸露的手臂也帶著結實的肌肉線條。

許晉元的手指飛快地在手機螢幕上移動，看到葉允橙來，瞄了他一眼便繼續玩手機遊戲，態度冷淡得彷彿他不存在一樣。

葉允橙不在意，他早就習慣了。他拉開椅子，在許晉元隔壁坐下，等待經紀人過來。

空蕩蕩的會議室只聽得到手機遊戲的音效，兩位藝人專注在各自的事情上，沒理會對方。

三分鐘後，當葉允橙的手機又一次跳出飲料店買一送一的推播訊息，原先安靜如雞的他終於受不了了。

「晉元——」葉允橙撲向隔壁的男人，發出淒厲的哀鳴，「全天下都在誘惑我喝飲料！我快發瘋了！」

「學長乖，等我一下。」許晉元也習慣了，他騰出一手摸摸葉允橙的頭，目光仍舊緊盯著螢幕，「我快打完了，等等再安慰你。」

「我要你現在就安慰我。」

「跟我多上幾次健身房，你就可以喝了。」許晉元給出非常實際的建議。

可惜葉允橙不買帳，「沒有不做運動也不會胖的方法嗎？」

「天下沒有白喝的飲料，學長。」

「嗚嗚嗚……」

經紀人開門進來，他一手拿著筆電一手拿著咖啡，下巴帶著些許鬍渣，還有一對長時間熬夜養成的黑眼圈，看到會議室的鬧劇，男子皺起眉頭，渾身散發出黑氣。

「葉允橙，你又喝奶茶了？」

「我、我沒有！」眼看沒有人站在他這邊，葉允橙倍感冤屈，當場哭倒在桌上，「我有聽家麟哥的話，一口都沒喝，所以才如此痛苦啊！」

沒多久他就從桌上爬起來，苦著一張臉。

「家麟哥，我爲了代言已經兩個月沒喝了，偶爾喝一杯不爲過吧？」

「我說過了，代言期間都不能喝。現在正是你的事業成長期，有一大堆品牌想找你宣傳，你要是胖了拍起來就不好看了。」

「照片可以用修的……」葉允橙氣若游絲地反駁。

「別傻了！你有那麼多要出席的現場活動，照片能用修的你本人能修嗎！」經紀人狠狠瞪過去，語重心長地警告他：「我告訴你，不要相信粉絲的話。他們會說不管你變成什麼樣子都愛你，實際上他們只愛瘦下來的你，一旦你胖了他們就不愛了。」

葉允橙無言以對，只能掩面發出哭泣似的聲音。

經紀人看著自家兩位藝人，頓時感到有些心寒。

藍星音樂成立到現在也只簽了兩位藝人，換句話說，這兩人就是維持公司生計的搖錢樹。可看看他們，一個還在專心玩手機遊戲，一個失魂落魄地倒在桌上，哪有搖錢樹的樣子，說是朽木還差不多。

想到其他同行常常在ＩＧ分享自家藝人認眞工作的模樣，溫家麟咬了咬牙，強硬地要兩人把視線集中在自己身上，「別鬧了，現在有重要的新工作，我有話要說！」

沒錯，他可是人稱金牌經紀人的溫家麟，就算底下藝人私下性格再廢，只要還是塊可造之材，他就能把他們養起來。

「說吧，家麟哥，我聽著。」許晉元總算收起手機，擺出幾分可靠的樣子。

溫家麟決定先略過旁邊那個還沒振作起來的傢伙，打開筆電開始交代事情。

「有導演邀請你們為一部拍攝中的電影寫主題曲，從作詞、作曲到演唱，都交給你們一手包辦。」

聽到這裡，葉允橙終於抬起頭，「什麼電影？」

「一部鬼片。」

聞言，葉允橙眉頭一皺，臉色更加蒼白了。

溫家麟像是早知道他會有這種反應，老神在在地回：「別擔心，雖然是鬼片，但沒你想像得那麼可怕，導演跟我說這是個彈琴驅鬼的故事，片名就叫《對鬼彈琴》。」

「什麼？」葉允橙眨了眨眼，眸中浮現幾絲困惑。

「主角是新上任的音樂老師，學校流傳一則怪談，每逢深夜音樂教室便會傳來鋼琴聲。他的學生不幸被音樂教室的女鬼纏上，爲了拯救學生，主角展開調查，發現唯一能驅散女鬼的方法就是彈琴。」

「什麼東西？電玩遊戲裡的吟遊詩人嗎？你也太不會講故事了。」葉允橙感到有些好笑，恐懼感也散去不少。

「說故事本來就不是我的工作。」溫家麟沒好氣地反駁，「總之這部電影會使用許多鋼琴插曲，而導演希望主題曲能由你來寫，他認爲沒有人比你更適合。」

「這個……既然是恐怖電影，那曲調要偏陰森對吧？」葉允橙左思右想，最終還是搖搖頭，「雖然是很好的機會，但我討厭黑暗曲風，所以……」

「男主角由方安洛擔任。」

「哎？」聽到這個名字，葉允橙吃驚地睜大眼睛。

「你剛進公司時，我問過你最喜歡的明星是誰，你說是方安洛。」

「是有這回事……」葉允橙喃喃道，神色漸漸變得複雜。

許晉元瞄了他一眼，雙手環抱在胸前，懶洋洋地問：「方安洛不是唱歌的嗎？」

「他很久沒唱了，近年來已經轉型爲演員，短短幾年便演了不少電視劇與電影。」溫家麟作爲圈內打滾多年的經紀人，他對方安洛的經歷相當熟悉，畢竟對方是少數轉型相當成功的藝人，「方安洛非常擅長詮釋性格霸道的角色，之前他在一部連續劇《總裁嫁到》裡飾演財大氣粗的反派總裁，討論度很高。」

語畢，溫家麟拿出手機，找出方安洛的劇照給許晉元看。

畫面上是一名眺望遠方的男子，他站姿筆挺，相貌俊俏，眼神淡漠，距離感十足。

許晉元哦了一聲，「就是把一疊鈔票甩在男主角臉上要他滾，還在醫院威脅醫生假如救不活女主角，所有人都得陪葬的方總？」

看到這張劇照，許晉元總算把歌手方安洛跟劇中的方總裁連結在一起，儘管氣質迴異，但確實是同一張臉。

饒是沒在追劇，許晉元也聽過《總裁嫁到》這齣最近爆紅的戲劇，然而讓這齣劇爆紅的功臣不是劇中的男主角或女主角，而是男二方總裁。

劇中方總以各式浮誇的手段追求女主角，還用金錢攻勢逼退男主角，其蠻橫不講理的霸道總裁形象深植人心，討論度比男女主角還高，許多網友都被他氣到吃不下飯。

葉允橙也有看那部劇，想到方安洛在劇中的表現，他不禁感嘆：「他演得很不錯，尤其是當總裁發現貧窮的男主角原來是董事長未相認的親生兒子時，那張恨不得把人毀掉的猙獰表情實在太令人印象深刻了。」

只是方安洛演得太好，讓許多網友入戲太深，看完連續劇後還衝進他的ＩＧ罵人。不過方安洛看了這些留言，不僅完全沒受到影響，還上傳一張紙醉金迷的生活照片，顯然打算在戲外也將方總人設演到底。

溫家麟點點頭，「這次方安洛挑戰的是截然不同的角色，飾演關心學生的正派教師。而且就像我剛才說的，他會在電影中對著鬼彈鋼琴。」

雖然最後那句話聽起來很好笑，但葉允橙很感興趣，他不知道方安洛會彈琴。

「要是你接下這份工作，說不定有機會去現場聽他彈琴。劇組那邊好像還希望你能提供演員一些『額外指導』，你知道我指的是什麼，不過要不要接還是看你。」溫家麟意味深長道。

葉允橙喃喃：「他們聽到那個傳聞了嗎？」

葉允橙鮮少提及自己的過去，但隨著名氣變大，對他好奇的人也越來越多。

如果他沒猜錯，所謂的「額外指導」，到時候應該會作爲電影宣傳的噱頭。

其實他不太喜歡這樣，再加上這又是他討厭的鬼片，可是主角是方安洛，他關注了十年的偶像。

第一次聽到方安洛的歌時，葉允橙才十五歲，當時的他對生活感到厭倦煩悶，也不想再見到在五線譜上跳動的音符。

就在那時，他聽到了方安洛的歌，那是他第一次知道，世上還有如此自由快樂的音樂。

在那之後，葉允橙持續關注著方安洛。方安洛幾乎塡滿了他整個青春，方安洛的每一張專輯他都有買，專輯裡的每一首歌他都會唱。

如今在大多數人的印象裡，方安洛是一位優秀的演員，但在葉允橙心裡，方安洛一直是那位歌聲深深打動著他的專業歌手。

如今有機會能爲方安洛的電影寫歌，他不想錯過，也會拿出百分之兩百的實力全力以赴。

於是葉允橙面露燦爛的笑容，自信滿滿地應允：「交給我吧，能爲方安洛主演的電影製作主題曲，沒有比這更榮幸的事了。」

第二章　傳不出去的聲音

隔天，在城市另一端的演員休息室裡，一名男人臉色不豫地開口，「什麼？當初不是說好由我來唱的嗎？爲什麼換人了！」

這位當紅男演員聽到電影主題曲要換人唱的消息，憤怒地從椅子上站起來，瞪向他的經紀人陳玥。

「我也沒辦法啊。」陳玥無奈地擰眉，語氣帶著疲憊，「導演原先明明跟我承諾過，電影主題曲會由身爲男主角的你來唱，誰知導演在前幾個禮拜忽然改變了主意。據說他女兒很喜歡那對歌手，一直吵著要他們來唱主題曲，導演評估過後，就跟我說唱歌這種事還是應該由專業的來——」

陳玥話說到一半，注意到男人的表情，連忙咳了幾聲。

「我有提醒導演，你也是歌手來著，安洛。」陳玥搖搖頭，表明自己盡力了，「不過導演認爲這部電影比較適合由葉允橙和許晉元來唱主題曲。」

方安洛沉默地坐回位子上，他氣到什麼話都不想說了。當初會去參加這部片的試鏡，也是因爲導演承諾如果他肯接演主角，就讓他唱主題曲，所以他才推掉另一部片的邀約，爽快點頭應允。

不論是擔任電影主角，還是演唱電影主題曲，對藝人來說都是難能可貴的機會，但對方安洛而言，他更期待的是讓更多人知道他也會唱歌。結果現在是怎樣？主題曲換人唱，偏偏電影的拍攝進度已經進行到一半，他不可能退出。

「陳玥姊，不是我要說，我出道時間不算短了，卻從沒聽過那兩個人。」方安洛臉色陰沉地說完，便拿起手機搜尋葉允橙和許晉元。

結果他才剛輸入這兩個人的名字，搜尋引擎便貼心地跳出一長串相關搜尋選項，第一個選項就是在兩人的名字後面加上「結婚」二字。

方安洛一時懵了，脫口而出：「結婚？那兩人結婚了？是同志？」

「不是。」陳玥琢磨著該如何解釋，她家藝人雖然在娛樂圈發展得好，可網路用得少。方安洛向來不問世事，圈內那些事往往慢了好幾步才會傳進他的耳裡。

「他們是螢幕情侶。」

「螢幕情侶？」方安洛神色詭譎了起來，「妳是指……觀眾喜歡看這兩個男人談戀愛？」

陳玥點點頭。

所謂的螢幕情侶就是只在鏡頭前談戀愛的情侶，不過螢幕情侶不是人人都能當，必須要粉絲買單才有戲。

方安洛眞心覺得時代變化太快，同婚合法不過幾年，社會風氣已經開放到男男也能組成螢幕情侶了。

「葉允橙和許晉元關係匪淺，他們不僅簽約同一家經紀公司，出道時間也差不多。葉允橙是網路爆紅出道的歌手，許晉元是葉允橙推薦給藍星音樂的素人。」說到葉允橙，陳玥眞心覺得這個人不簡單。

在這個時代，三天兩頭就有人在網路上爆紅，但想紅到最後只能靠本事，時間證明了葉允橙是靠本事出名的。

「藍星音樂這幾年才成立，葉允橙是他們簽的第一位藝人。當初靠著幫人唱歌求婚闖出知名度，在眾人吹捧下順勢出道。我本來以爲葉允橙只是一時爆紅，很快就會銷聲匿跡，哪知道……唉，人家出道第一年就入圍了金曲獎最佳新人。」

「什麼？」方安洛瞪大眼睛，頓時感到壓力山大。

那可是無數歌手夢寐以求的聖堂，他出道這麼多年，發過的歌也算不少，可從未入圍過金曲獎。

「所以也難怪導演會改變心意。」陳玥頭痛地表示：「安洛，我們很難跟葉允橙他們爭。據說葉允橙曾是音樂班的資優生，在校期間拿過許多獎項，雖然本人從未承認這些傳聞，但他音樂底子確實相當深厚。導演會特地請他寫主題曲，一方面也是希望他能抽空指導演員彈鋼琴，甚至連配樂方面……」

看著陳玥同情的神色，方安洛覺得自己的運氣眞是餵了狗，被搶工作還得讓搶匪指導他。

然而成爲藝人多年，他早就理解這種事在這一行中並不罕見，他悶悶不樂地沉思該如何應對。

「藍星音樂是那個金牌經紀人溫家麟自己開的公司？」

「對。」

「另一個素人歌手呢？他是什麼來頭？」

「許晉元嗎？」陳玥嘆了口氣，「他是葉允橙的高中學弟，歌聲非常有辨識度，跟葉允橙是完全不同風格，過去也曾獲得好幾個歌唱大賽的冠軍，是實力派歌手。兩人當年同爲熱音社社員，默契自然不在話下。他們兩個的合作歌曲獲得奇蹟般的點閱率，長時間占據各大串流音樂平台排行榜，也爲他們奠定了知名度。」

陳玥將播著兩人合唱ＭＶ的手機螢幕舉到方安洛眼前。

影片中，許晉元站在學校長廊，穿著青澀的高中制服，凶狠地盯著鏡頭，他懷中摟著另一名穿著同樣制服的少年，手按在少年的後腦杓上，看起來就像在保護對方一般。

看著這位眼神如獵豹般銳利的歌手，方安洛面無表情地點評：「副歌不錯聽，還挺琅琅上口的，這種長相也受目前市場歡迎。」

方安洛不由得開始懷疑，自己是不是太不關心圈內的生態發展了？在演藝圈裡，長江後浪推前浪不是新鮮事，年輕人的口味也改變得很快，這幾年他專心在演戲上，轉眼間歌壇竟變得如此陌生。

「總之我會再跟導演說說，你先專心拍戲。」陳玥雙手按住他的肩膀，神情充滿堅決，「你可是我的藝人，凡是我帶的藝人，我絕不會讓他受委屈。你相信我吧？」

方安洛點點頭。他跟了陳玥這麼多年，深知自家經紀人的行事作風。事情交給陳玥處理，他大可以放心，唯一不放心的只有那些不知打哪來跟他搶飯碗的年輕藝人。

葉允橙和許晉元，這兩個人不過二十四、五歲，出道短短兩年竟有如此成績，不知羨煞多少默默無名的歌手。

做為一個出道十年、戲劇作品卻比歌曲知名十倍的歌手，方安洛越想越不是滋味，電影主題曲是多好的機會，只要電影紅，主題曲必定也跟著紅。更何況這部電影在音樂方面也算用心，光是劇中插曲就有好幾首，未來必定會推出ＯＳＴ專輯。

他本想藉由演唱這首電影主題曲拓展自己的歌唱事業，可導演卻將這個機會轉讓給別人，他倒要看看這兩人是什麼來頭。

♪

《對鬼彈琴》的拍攝地點在一間有悠久歷史的學校，這間學校位於郊區，深夜寂靜無聲，斑駁的水泥牆上滿是攀爬的綠藤，建築風格也帶著古早時代的韻味。

爲了避免打擾學生上課，劇組只在夜晚和假日拍攝。所以當溫家麟帶著自家藝人抵達劇組時夜色已深，整間學校沒入了黑暗中，只有幾間教室的燈是亮的，校園一片死寂，只聽得到樹葉被風吹響的沙沙聲。

一般而言，這幕景象會讓葉允橙感到不適，但此刻他沒時間忐忑不安，他腳下步伐略顯急促，嘴中哼著方安洛的歌，回頭催促他家經紀人和學弟走快點。

許晉元頂著一張結屎面，腳步沉重，隨身攜帶的小包裡露出專輯一小角，是下車時葉允橙硬塞進去的。

「你自己去要簽名不就得了，爲什麼要我幫你？」

「不行啊，我不能讓安洛知道我粉他。」

許晉元完全不能理解葉允橙的邏輯，「你不是喜歡他很久了？直接跟他要簽名還能請他署名，也能跟他多說幾句，這種機會你不要？」

「不用，只要得到他的簽名我就滿足了。」葉允橙搖搖頭，語氣顯得既卑微又喜悅，「不需要屬名、不需要聊天握手，遠遠看著他閃閃發亮的樣子就很好了。」

許晉元鬱悶地摸摸鼻子，沒再說什麼。

「你會後悔的，別的粉絲想看到本人還得苦等他的公開活動行程，更別提說上話了。」溫家麟完全不能理解，苦口婆心勸了一句。

葉允橙糾結再三，終於被說服了，「那就讓晉元代替我多跟他說幾句話，我在旁邊看。」

許晉元一臉無語。

「既然可以貪、貪心一點的話，晉元你順便幫我跟他說，他第三張專輯裡的〈夜雨微涼〉實在太好聽了，光聽歌詞就好有畫面感，沒拍一支MV實在太可惜了。」

「你給我親自跟他說。」

「拜託你了，晉元——你不是很想要N牌下個月上市的限量球鞋嗎？我有認識的朋友可以買到。」

「好了，你們兩個先在這裡等著，我去找導演。」溫家麟以叮嚀小孩般的語氣打斷兩人的對話，他把兩人扔在拍攝現場附近的一棵大榕樹下，自己則深入拍攝現場去找導演。

「下不為例。」許晉元妥協了，他眼神已死，已經習慣自家學長的耍賴行徑了。

葉允橙從以前就是這樣，忽然說要睡他家就睡他家，忽然想喝珍珠奶茶就急著找他去買，連社團的人都說他太聽葉允橙的話。

「那可以再多贈送一句嗎？幫我跟他說『一直以來我都很喜歡你，希望你繼續加油』。」

「你夠了。」許晉元氣得炸毛，正考慮要拉扯學長的臉皮時，一道清脆的聲音驀地從兩人前方傳來。

「嗨，你們是元橙CP嗎？」

「嗯？」葉允橙聞聲看去，只見一位穿著高中校服、綁著清爽馬尾，外表約莫十七、八歲的美少女正笑吟吟地盯著他們看，他露出專業的笑容點點頭，「請問妳是？」

「黃樂雅，飾演《對鬼彈琴》的女主角。」少女有些自豪地表明身分。她居高臨下地打量坐在長椅上的兩人，嘖嘖出聲，「沒想到風聲居然是真的，你們是來跟導演談主題曲的事？」

「妳可以問我們的經紀人，我們只是跟著行程走。」許晉元冷淡地回答。

黃樂雅點點頭，嘴裡嘟噥了一句：「安洛哥更好的說，導演眞沒眼光。」

她聲音很小，但葉允橙和許晉元都清楚聽到了。

「啊，算了。總之你們不要以爲唱了主題曲就可以囂張，這部電影的主角是我們安洛哥，他才是電影的核心！」

葉允橙滿臉問號，不太明白黃樂雅在說什麼，他覺得自己莫名其妙被警告了。

「看什麼？安洛哥可是歌壇前輩，他人很好，但不代表你們就可以騎到他頭上。這裡到處都是工作人員，要是你們敢對他不敬，大家隨時會對外爆料，明白了吧？」

葉允橙顯得錯愕又震驚，他什麼都還來不及說，黃樂雅得意地再度開口。

「怎麼？不知道啊？安洛哥以前也是歌手，出過好幾張專輯了，只是近年來轉型爲演員罷了。」

葉允橙聽出她是方安洛的粉絲了，雖然被威脅得莫名其妙，不過同為粉絲，他便對黃樂雅生出了幾分親切。

他忍住嘴角的笑意，大大嘆了口氣：「真是慚愧，我只看過安洛前輩演的《總裁嫁到》，沒想到他還是歌壇大前輩。」

許晉元面無表情地看了他一眼。

「沒錯，你總算懂了。見到他記得問好，態度要有禮貌，知道嗎？」黃樂雅雙手環抱在胸前頻頻點頭，像是覺得葉允橙很上道。

「好的。」葉允橙認真得像個乖巧聆聽老師教誨的孩子，只差沒拿出筆記下來，「我不想惹前輩不快，請問有什麼需要注意的地方嗎？他有沒有什麼地雷？忌諱什麼食物？還是說他喜歡什麼飲料或點心？對了，他討厭水瓶座嗎？」

黃樂雅沒想到葉允橙會問出這麼多問題，她眉頭一皺，沒好氣地說：「反正重點就是要有禮貌，其他的你自己問他。」

「聽到沒？自己問他。」許晉元冷冷地幫腔一句。

「我跟他不認識，也不熟他的作品，問這麼多他會覺得我在巴結他吧？」葉允橙不死心。

「不關我的事。」黃樂雅哼笑一聲，轉過身背對著兩人揮了揮手，「我只知道安洛哥喜歡無糖香草拿鐵，剩下的你如果想知道就自己想辦法。」

葉允橙滿意地瞇起眼睛，低頭偷笑，感覺自己得到了一個大多粉絲不會知道的資訊。還沒見到偶像，他已經雀躍到無法冷靜了。

「謝謝你們這麼晚還特地過來一趟，我是《對鬼彈琴》的導演吳松甫。」會議室裡，一名留著落腮鬍的中年男子笑咪咪地輪流跟藍星音樂一行人握手，輪到葉允橙時，他甚至雙手都用上了，握得特別熱情。

「久仰大名，葉先生。我女兒是你的大粉絲，她說你是非常有才華的歌手，也很會作曲，要我非找你創作《對鬼彈琴》的電影主題曲不可。」

「過獎了。跟許多作曲界的大前輩比起來，我還有許多進步空間。」葉允橙謙虛地回應，他抽回手稍微左顧右盼，有點遺憾沒看到方安洛。

「我女兒還說你非常會彈鋼琴，在學生時代曾是校內聞名一時的鋼琴王子。」

聽到這個稱號，葉允橙笑容一僵，瞬間感到有些羞恥，忍著尷尬解釋：「傳言總會加油添醋，事實沒有這麼誇張，頂多就是那時比較常彈鋼琴罷了，您可以問晉元。更何況我長年疏於練習，現在功力更是大不如前。」

「哈哈，你太謙虛了，相信你在這方面肯定比劇組的演員們厲害很多。如果你願意在閒暇之時撥空指導演員們，指導費用我們肯定不會虧待你。」

在過來這裡的路途中，溫家麟已事先知會過葉允橙，在《對鬼彈琴》片中有三個角色需要彈琴，包括男主角方安洛、女主角黃樂雅，以及飾演女鬼的音樂才女夏予青。

葉允橙笑笑地不置可否，決定交給溫家麟婉拒，他可不喜歡在這種情況下彈琴。

接著吳松甫大致跟他們介紹一下其他與會的劇組人員，氣氛頗為融洽，在大伙準備開會時，會議室的門打開了。

一名男子神情冷峻地走了進來，他身形高眺、相貌出眾、氣勢十足。男子身後跟著一名同樣神色陰沉的女子，兩人什麼都沒說，連招呼也不打，逕自找了位子坐下。

會議室的空氣立刻降至零度以下，幾乎所有人都別開眼，有人尷尬地咳嗽幾聲、有人低下頭，也有人不明所以地左顧右盼。

導演吳松甫滿臉錯愕，他瞄了藍星音樂一行人一眼，縮著肩膀好聲好氣地開口：「安洛，你怎麼來了？」

方安洛嘴角一勾，姿態高傲得像是等著下屬報告的總裁，語氣卻十分謙遜：「吳導演，聽說你們已經請了專業人士來唱主題曲，你跟我提過，主題曲的歌詞會從男主角的視角出發，所以我想身為男主角的我或許能提供一些意見。」

「是……這樣沒錯……」吳松甫顯得有幾分心虛，尷尬地頻頻瞄向溫家麟，似是向他求救。

溫家麟看得出來吳松甫和方安洛之間出了點問題，但現下最重要的是緩和這劍拔弩張的氛圍，否則對自家藝人也沒好處。

於是溫家麟笑著接話：「如果安洛您能提供意見就太好了，我們家允橙是第一次爲電影創作主題曲，確實還有許多事要學習，還請包涵。」

「你、你好。」葉允橙忍著內心的激動，帶著禮貌的淺笑跟偶像打招呼。他一邊盤算有多少機率能成功要到簽名，一邊開口說道：「我是葉允橙，這是我學弟許晉元，接下來還請多多指教，安洛前輩。」

然而當他與方安洛對上目光時，方安洛卻雙目微睜，全身僵硬。

「安洛？」陳玥疑惑地喊了一聲。

方安洛回過神，魂不守舍地點點頭，原本準備好的諷刺台詞也吞回喉嚨，他別開眼，正好看到一臉納悶的陳玥。

他咳了幾聲，氣勢瞬間弱了大半。吳松甫也抓緊這個機會，趕緊催促大家開始談正事。

方安洛本來的計畫是美美地坐在這裡干擾會議，讓導演時時刻刻感到不自在，可現在完全沒有那個心思了——全都是因爲葉允橙。

這位年輕的後輩有一對溫潤的眼睛和一張標緻的臉孔，笑起來還帶著淺淺的酒窩，看上去就像是學生時代那種品學兼優又備受師長喜愛的模範生，完全就是……就是他的菜。

對，這件事連跟了方安洛十年的陳玥都不曉得，因爲他認爲沒必要特別提，他是個雙性戀，硬要說的話，男的可能更合他的胃口。

而葉允橙完全戳中了他的喜好，他從以前就對這種氣質純淨的男生特別沒轍，雖然看過很多順眼的，但從沒有人跟葉允橙一樣，從頭到腳都符合他的審美觀。

方安洛壓抑著狂亂的心跳，努力提醒自己不應該有這種反應，對方只是個後輩，而且還是得罪他的同行！他該做的就是擺出威嚴的姿態，讓對方知道自己不是好惹的。

「——所以我希望主題曲的歌詞是針對男主角的心境來描寫，剛好安洛今天也來了，他身爲劇中男主角，對這個角色也頗有一番心得。對吧，安洛？」就在這時，導演吳松甫將話丟給他。

方安洛趕緊驅散腦中雜念，詳細描述他對男主角的看法。

儘管他想來搗亂，但工作就是工作，既然事情木已成舟他還是得拿出專業來。

在他講述的過程中，葉允橙一路振筆疾書，不時舉手發問，這讓他默默在心中給了對方幾個好評。

葉允橙的手指纖細修長，是適合彈鋼琴的手，他很想看那雙手在琴鍵上飛舞的樣子，也想知道如果他親吻那雙手，葉允橙會露出什麼表情。

葉允橙搶了他演唱主題曲的機會，內心肯定得意得很。葉允橙八成只是表面裝乖，私底下指導鋼琴時才會露出眞面目，對他說出尖酸刻薄的話。

如果他不予理會，直接牽起人家的手親下去，對方的表情應該會很精彩。

想到此，方安洛心情好轉了。不管葉允橙為人如何，長相很對他胃口是事實，衝著這點他可以勉強接受指導，至少那張臉賞心悅目。

說他隨便也好，很多時候方安洛都是這麼撐過來的。就跟有些人心煩會去吃冰淇淋一樣，方安洛心煩就想談戀愛，這也是為什麼他可以把《總裁嫁到》的方總裁演得栩栩如生，他很享受那種不畏他人目光勇敢求愛的角色。

不知不覺，會議討論到尾聲，溫家麟看了一眼手錶，心想時間也不早了，準備帶自家藝人離開。雖然開會過程還算順利，但這裡的氣氛太詭異了，劇組不曉得發生了什麼事，會議期間對方安洛說話都小心翼翼的，空氣中瀰漫著揮之不去的尷尬感。

溫家麟只想早點帶自家藝人回去，順便打聽下到底發生了什麼事，他總感覺自己錯過很重要的訊息。

然而葉允橙的座位還是空的，這傢伙在會議期間不小心喝太多飲料，聽完重點後便表示要去趟廁所，十分鐘過去了人還沒回來。

他拍了拍許晉元的肩膀，小聲地叮嚀一句：「你去催一下允橙，跟他說我們差不多該走了。」

許晉元點點頭，正要起身時，對面有人比他先一步推開椅子。

「我來吧，反正我正好要去廁所。」

許晉元毫不囉嗦重新坐好，「好。」

「謝謝，那就麻煩你了。」溫家麟直接無視劇組全員忐忑不安的神情，爽快地回應。

方安洛故作自然地走了出去，他其實不想上廁所，只是想跟葉允橙多聊幾句罷了，他想看看這人抱著什麼心態過來的。剛才提到鋼琴指導時，那個經紀人居然回絕了，這讓他莫名覺得可惜。

他想著該如何跟葉允橙提這件事，才剛踏入廁所，便看到葉允橙雙手抓著洗手台，整個人虛弱無力地蹲在地上。

方安洛嚇了一跳，趕忙走過去，捉住葉允橙的手臂想扶他起身，卻意外發現他的手十分冰冷，「還好嗎？發生什麼事了？」

葉允橙抬起頭，臉色十分蒼白，額頭還冒著些許冷汗。

他先是驚訝地看著方安洛，隨後苦笑著搖搖頭，「沒事，我……我偶爾會這樣，過一會就好了。」

他在方安洛的攙扶下站起來，做了幾次深呼吸後，臉色好轉許多。

方安洛將手貼到他的額頭上，神色凝重地打量他，「不是發燒，難道是氣喘嗎？你剛剛怎麼不說？」

「不、不是，我只是……」葉允橙受寵若驚地往後一縮，但實在想不出其他理由，只好為難地坦承：「我有點，嗯，有點怕黑……剛剛在隔間上廁所時，有其他人進來廁所，那人離開的時候似乎以為已經沒人，直接把燈關了。」

他嚇一大跳，忍著慌亂趕緊開了燈，可太遲了，他的心臟瘋狂跳動，手指不斷顫抖。

他感覺自己一定得做些什麼，不做不行……恐慌感飛快蔓延開來，讓他呼吸越發困難。

還好方安洛來了，最喜歡的偶像出現在眼前，他哪還有空去想其他事。

「怕黑……」方安洛有點茫然，一時還以為葉允橙在說瞎話敷衍他，但見葉允橙尷尬到不敢跟他對視，方安洛頓時明白這話多半不是假的。

「怕黑還來接這個工作？」

葉允橙臉色一紅，怕黑這件事就連跟他親近的許晉元和溫家麟都僅知一二，他們雖然知道他討厭黑暗，卻不知道他會產生那麼嚴重的反應。現在被他的偶像撞個正著，葉允橙感到狼狽萬分。

「可、可以的話，請你裝作沒發生過這件事。畢竟一個成年人在黑暗中有這種反應實在太丟臉了。」

他的目光放到兩人交疊的手掌上，方安洛為了攙扶他，到現在都還牽著他的手。

方安洛的掌心很溫暖，手臂線條也很好看，不僅如此，他的身上還帶著一股淡淡的菸草香。察覺到這一切的葉允橙心臟跳得飛快。

「沒什麼好丟臉的，每個人都有害怕的東西，只是你比較特別，當別的男人都在怕蟑螂時，你怕黑。」語畢，方安洛挑了挑眉，語帶笑意地調侃一句：「還是說你連蟑螂也怕？」

「那倒沒有。」葉允橙被逗笑了，他眉頭一鬆，依依不捨地收回手，往後拉開一步距離。

他以爲這麼做方安洛不會發現，但他沒意識到自己凝視著對方的眼睛，也沒意識到自己收回手時不經意地勾住對方的手指。

方安洛微微瞇起眼，沒說什麼，只是默默收回手。

「你不是來上廁所的嗎？」葉允橙有點懵。

「你認爲呢？」

聽著偶像調侃的語氣，葉允橙有一瞬間懷疑方安洛是擔心自己特地過來的，很快他便搖搖頭，打消了這荒唐的猜測。

雖然想快點回會議室，但要是走得太快，就好像在催促方安洛一樣，似乎顯得有點不禮貌。葉允橙無可奈何，只能跟隨方安洛如散步般的悠閒步伐。

「這就是你回絕鋼琴指導的原因，怕黑？」

葉允橙無話可說，算是默認了。

學校的琴房白天要供給學生使用，劇組唯一能用的時機就是晚上，一旦走出琴房，放眼望去一片漆黑，光是想像葉允橙就感到一陣壓力。

「琴房離這裡不遠，爲了方便演員練習，走廊的燈也都會開著。剛剛是因爲準備收工了，劇組人員才會關燈，我會提醒他們下次先確認沒人了再關燈。」

葉允橙搖搖頭，「我看過琴譜了，雖然對初學者來說頗爲吃力，但導演說你們都是會彈琴的人，應該沒什麼問題。」

「你確定？你知道夏予青爲了這部電影，特地請有名的鋼琴老師來教她嗎？她可是從小就在彈琴。」方安洛嘆氣，「我跟樂雅本來就彈得沒她好，現在她又私下請老師，這女鬼我怕是永遠打不贏了。」

葉允橙噗哧一笑，可察覺到方安洛投過來的目光，立刻正了神色，「我……我考慮看看。」

「如果你最後決定不來，那我該怎麼辦？彈不好該找誰負責？」

聽到這堪稱耍賴的質問，葉允橙滿心納悶，他哪知道該找誰負責。

「我本來可以唱歌，可現在只剩下彈琴了，這部分再做不好，就眞的沒救了。」

葉允橙依舊沒聽懂，他只覺得這裡的演員說話都頗具針對性。

「如、如果安洛前輩眞的擔心彈不好，可以跟我說，也許可以在明亮一點的地方提供幫助。」他再三猶豫，最後還是妥協了，「不過請不要抱太高的期望，我畢竟不是專業的。」

「那我要怎麼聯絡你？透過經紀人跟你預約時間？」

「呃……」葉允橙當然不會讓大前輩這麼麻煩，「不需要，直接打電話或傳訊息給我就好，我等等跟你交換聯繫方式。」

葉允橙努力裝出公事公辦的樣子，實際上已經激動到快無法冷靜了。怕被方安洛看出不對勁，葉允橙又與他拉開一步距離，盡量不與他對視。

「就這麼說定了。」方安洛盯著葉允橙泛紅的耳根，心情很好地瞇起眼睛。

兩人回到會議室，這時差不多該散會了。葉允橙故作冷靜地在眾人驚訝的目光下跟方安洛交換聯絡方式，還將準備趁亂溜走的許晉元拉回來。

「你不是有話要跟安洛前輩說嗎？」他按住許晉元的肩膀，臉上掛著假笑，用嘴型跟許晉元說了「球鞋」二字。

許晉元沉默半晌，從包包拿出專輯，毫無靈魂地對方安洛開口說道：「前輩你好，我是你的粉絲，可以幫我簽名嗎？」

此話一出，會議室瞬間安靜了一會，隨後其他劇組人員都裝作沒看見，加快腳步離開。

方安洛面無表情，他覺得自己被羞辱了。

許晉元連崇拜的模樣都懶得演，語氣毫無波瀾，彷彿在背台詞，一看就知道是替別人要的簽名。

可會議室還有其他人在，他總不能嶄露本性，直接把專輯拍在地上要許晉元滾。

方安洛深吸一口氣，忍住不悅，接過專輯與麥克筆，沉默地簽名。

在他低頭簽名時，葉允橙用手拐了許晉元一下。

「我很喜歡你，希望你加油。」無情的複讀機再度開口，「你第七張專輯裡的〈夜雨微涼〉不錯聽。」

方安洛用力把專輯塞回許晉元手裡，冷笑著回應：「那你唱一句？」

砰的一聲，劇組其他人離開後把會議室的門關上了，現場只剩下方安洛、他的經紀人與藍星音樂一行人。

「還有那首是第三張專輯的歌，我沒有那個才能出到七張專輯。」

葉允橙在內心瘋狂哀鳴，他好想跳出來圓場，可這樣有很大機率被方安洛發現他才是那個粉絲！

「不好意思。」最後是溫家麟過來緩頰，「我們家藝人真的很喜歡你，他只是表達的方式差勁了點。」

「喜歡？這種索要簽名的態度，還真是『喜歡』我啊。」方安洛冷漠地轉身離去，關門還關得特別大聲。

葉允橙癱軟在椅子上，伸手接過專輯，無力地說：「怎麼會這樣？我、我不是在諷刺他……是眞心的……」

「我去打聽一下之前發生什麼事。」溫家麟神情凝重地看著門口。

「我早就說過了，自己跟他要簽名。看吧，他生氣了。」許晉元不是很在意，他雙手插進褲子口袋，一屁股坐到葉允橙旁邊的椅子上。

「我哪知道你演技那麼差！不對，你根本沒演，好歹也演一下啊！」葉允橙欲哭無淚，簽名是要到了，但他們好像被方安洛當成敵人了。

「走吧，先回去。別忘了明早還有公開行程。」溫家麟把兩人從椅子上拉起來，一路帶著他們走出校園。

葉允橙彷彿在守護易碎的珍寶般，把專輯揣在懷裡。在乘車回家的路上，他老實地向經紀人報告剛剛在廁所跟方安洛的對話內容。

他相信溫家麟很快就能解開雙方之間的誤會，如果真的做了對不起方安洛的事他就道歉，反正在男神面前，沒有什麼是拉不下臉來的。

「呼……」

半個小時後，葉允橙回到家，打開租屋處的燈，疲憊地癱在沙發上，不到幾秒他又坐起身，爬向沙發旁的保險箱，解開密碼鎖，小心翼翼地取出裡面的寶物。

三張方安洛的專輯一字排開，這美好的畫面讓葉允橙綻放笑容，他拿出紙巾仔細擦拭每一張專輯，再將它們重新放回保險箱裡。

然後，他拿起今天簽名的第四張專輯。

看著上面行雲流水般的簽名，葉允橙發出滿足的笑聲，虔誠且喜悅地在專輯上落下一吻。

「我喜歡你很久了，喜歡你的歌聲，也喜歡你演的戲。你的每一首歌我都會唱，你的每一場戲我都有看，我知道你一直以來都很努力突破自我，所以打從心底佩服你。我喜歡你在〈夜雨微涼〉的微醺唱腔，也喜歡你在〈無聲道別〉裡的深情，不管你做什麼我都會支持。」他的額頭靠在專輯上，像是在禱告一般低喃，「我會努力幫助你，讓你發光，即使前方是黑暗我也會走下去。」

葉允橙謹愼地將第四張專輯放進保險箱裡，在關上之前，他想起溫家麟曾說過：能夠跟偶像合作的機會千載難逢，錯過這次機會就很難再有了。

「我應該可以貪心一點……」

方安洛都跟他交換了聯絡方式，也希望他來指導鋼琴，換句話說，他們未來應該經常有交集。

葉允橙闔上保險箱，雙手握拳，勇敢地許下至今爲止最大膽的願望，「或許我能趁著這次機會，將四張專輯的簽名都搞到手！」

第三章　You Like Me

同一天晚上，方安洛上了保母車離開片場，想到藍星音樂的兩位藝人，越發五味雜陳。

「爲什麼新銳娛樂不簽葉允橙？」他搖了搖頭，感到些許扼腕。如果葉允橙跟他同一間經紀公司，主題曲的事能得到更好的處理，例如葉允橙作曲他來唱，或是他們倆合唱，只要在同一間公司，這些都還算好喬。偏偏葉允橙跟那個許晉元綁定行銷，他們又不同公司，有利益之爭。

「因爲溫家麟從以前就很喜歡帶歌手。」陳玥邊用平板處理公事邊回應，她抬頭一看，見方安洛仍鬱悶著，便問道：「你想直接回家，還是去老地方喝酒？」

「去老地方吧。」方安洛漫不經心地望向窗外，他猶豫一會，試探性地問：「如果有個人跟妳握手時，偷偷用指腹劃過妳的掌心，妳覺得那人是什麼意思？」

「你會這麼問不是心裡早就有答案了嗎？」陳玥覺得這個問題有點好笑，「怎麼，老地方出現一個高手讓你暈船了？」

方安洛嘴角微微上揚，大方地坦承：「差不多吧，對方挺厲害的，嘴上跟我保持距離，但不管是眼神還是行爲都透露著對我的愛意。」

這點方安洛十分肯定，作爲一個長年鑽研演技的演員，他擅於觀察別人的細微舉動，不管是眼神還是小動作都逃不過他的法眼。

葉允橙言語間和他保持距離，眼神卻滿溢著對他的傾慕，還偷偷用小動作撩他，這就是所謂的傲嬌嗎？方安洛實在太心動了，要不是獨處時間不夠，他眞想用總裁人設跟葉允橙對戲。

「是個適合鬧緋聞的人嗎？」陳玥愼重地詢問，她幫方安洛處理過不少緋聞。方安洛在成名前很常用緋聞來搏版面，直到這幾年才有所收斂。雖然他給出的理由是拍戲太忙沒時間戀愛，陳玥卻覺得是他已經站穩腳步，不再需要這類型的新聞版面了。

「坦白說，不太適合。」

方安洛談戀愛是有原則的，第一，他不找有對象的；第二，他不找名聲不佳的。想要在這一行盡情談戀愛，就得把握某些規則，否則一則負面緋聞就足以讓人身敗名裂。

儘管葉允橙名聲很好，但在螢幕上有組ＣＰ，再加上他是藍星音樂的人——他們現在跟藍星音樂關係有點尷尬。

「別擔心，不會影響到事業。」

聽到方安洛這麼說，陳玥以爲對方是圈外人，便點了點頭，「你現在是會被狗仔關注的人了，凡事要有分寸。」

「我明白。」方安洛並不怎麼擔心，因爲他可以在《對鬼彈琴》的片場跟葉允橙接觸。

方安洛知道，他只需要再用點心機，那個傲嬌歌手就會自己送上門了。

想到此，他忍不住加深了笑容。

♪

隔天一早，葉允橙走在街上，嘴裡哼著歌，腦海中充滿了各式各樣的旋律。

忽然，他聽見熟悉的聲音，於是駐足在一家小吃店前，裡頭的電視正播放當紅電視劇《總裁嫁到》。

「天底下沒有我得不到的東西，所有的好東西都該屬於我，包括那女人。」方總裁捻熄手中的菸，緩緩從沙發上站了起來，以不疾不徐的步伐走到男主角面前，居高臨下地欣賞對方痛苦的神色。

「說吧，你要多少錢才肯離開她？」

「我們的愛無法用金錢衡量，別想用錢收買我！」

「你媽媽不是急著動手術嗎？龐大的醫藥費你付得起？」方總裁冷笑，神情滿是對男主角的鄙視，「我認識那家醫院的院長，有我介入，你也不用擔心手術的事。相對的……我也有辦法讓你們永遠排不到手術，你要為了那個女人捨棄家人嗎？」

「你！」男主角憤怒地站起身，狠狠瞪著方總裁。

「選一個吧，要那女人，還是要你家人？」方總裁不可一世地笑了。

「沒有你我也湊得到醫藥費，少瞧不起人！」

「我可沒有瞧不起你，只是要你認命罷了，沒有能力的人就該認命。」方總裁凝視窗外城市的霓虹夜景，神情冷肅，「如今我給你一個好機會，你居然還不接受？」

「當然不，失去她，我的人生還有什麼意義？」

葉允橙噗哧一笑，搖搖頭，重新邁開步伐，繼續哼著他最近寫到一半的歌。

他知道自己身負重任，現在人眾對方安洛的印象幾乎都是劇中的方總裁，想要「洗白」方安洛得靠《對鬼彈琴》。在電影中，方安洛扮演擅於彈琴的音樂教師，這個形象跟財大氣粗的方總裁差太多了，一定能刷新觀眾對他的既定印象。

葉允橙越想越開心，正想聯繫許晉元，手機忽然跳出一則訊息。

「我卡關了。」

一看到傳訊者是方安洛，葉允橙嚇得立刻停住腳步。點開訊息，只見方安洛傳了一張樂譜照，其中一行五線譜被紅筆畫了個圈。

葉允橙放大照片，他本以爲方安洛哪裡看不懂，可這一行樂譜都很簡單，連初學者都能輕易理解。

「哪裡有問題呢？」他回。

「我的手指會卡住。」

葉允橙忍俊不禁。原來是轉指的問題。

想讓五根手指頭流暢地在八十八個琴鍵上移動，勢必得學會轉指，這有點像學舞步，左腳要跨過右腳，右腳才能移動到其他地方。然而這用文字解釋太難了，最好的辦法就是葉允橙親自示範一次，不過昨天發生那麼尷尬的事，他不確定親自過去教對方是不是好主意……

「有點難用文字形容，前輩你等我一下，我快到公司了，等等拍個示範影片給你。」

「可是我還有其他問題。」

葉允橙眨了眨眼，他怎麼覺得方安洛好像、可能、想要他過去一趟？他有點不知所措，最後什麼訊息也沒回，默默收起手機趕往藍星音樂。

一踏進公司，溫家麟看到他就臉色大變，連忙把他拖進辦公室。

「出大事了。」

溫家麟按住葉允橙的雙肩，表情嚴肅得彷彿欠人三千萬。

「我們得罪你的偶像了，《對鬼彈琴》的主題曲本該由方安洛來唱，但你的粉絲說服了導演，讓他改變主意由你和晉元來唱。」

「什麼？」

「我打聽過了，方安洛當初答應接戲有一部分原因就是導演承諾主題曲讓他唱，誰知道戲拍到一半導演忽然改變心意……怪不得昨天劇組的人會有那種反應。」

葉允橙很崩潰，他關注方安洛這麼久，自然知道對方多重視歌唱事業，只要情況允許，方安洛不會錯過任何一個可以在螢幕前高歌一曲的機會，更何況是演唱電影主題曲。那天黃樂雅跑來警告他們，還有方安洛跟他的經紀人擺臭臉與他們開會完全情有可原。

「天啊……」葉允橙抹了把臉，頓時不知該如何是好，「現在拒絕還來得及嗎？」

「你認爲呢？我們昨天都簽約了，現在放棄得付違約金。」溫家麟放開他的肩膀，沒好氣地哼一聲，「這些人也眞夠可惡，這種事居然不先講。方安洛和他所屬的新銳娛樂都很重視這件事，要是處理不好，未來可能會碰上其他麻煩。」

新銳娛樂是國內數一數二的大型經紀公司，不論是公司規模還是在圈內的影響力都遠遠超過藍星音樂，縱使溫家麟能力再強、人脈再多，也遠遠無法與之相比。

「我、我……總之我先答應指導方安洛鋼琴吧。」葉允橙急忙掏出手機，傳訊通知方安洛，今晚他會過去片場。

「方安洛昨天有爲難你嗎？」

「沒有，他只問了一句他彈不好要找誰負責……」

溫家麟擰了擰眉，疲憊地癱在椅子上，「這件事就先拜託你了，盡量做到讓他滿意，我這邊也會想想有什麼可以補償他。你有聽說過他想要什麼嗎？」

葉允橙曉得溫家麟指的是什麼，搶了對方的工作就該用相應的工作來換。他仔細搜索腦中關於方安洛的資料庫，猶豫著說出自己的看法：「安洛很重視唱歌工作，他可以為了打歌上他討厭的綜藝節目，也曾為了宣傳新專輯在寒冬中跑許多行程因而重感冒。不過他轉型為演員之後的事我就不太清楚了……」

方安洛自從轉型為演員後，葉允橙幾乎只能在螢幕上以及社群網站得知他的訊息，他發的貼文也漸漸以塑造總裁人設為主。

方安洛不開直播，也鮮少上傳限時動態、發照片，長期下來葉允橙對他越來越陌生，直到現在他才意識到自己並不了解方安洛。

反正粉絲也不可能了解偶像眞實的一面。他不無自嘲地想。

葉允橙對溫家麟說道：「要拿出類似的工作補償太難了，新銳娛樂也不可能讓他來藍星音樂出專輯，除非……共、共同合作MV，這好像是我們唯一能拿出手的機會？」

說這段話時，他的表情不自覺流露出期待，心也飄飄然的，他努力說服自己這是為了補償方安洛，不是為了藉機圓夢。

「你也不想想方安洛是什麼等級的藝人。」溫家麟哭笑不得，「他在演藝圈混了十年，事業跨足演員與歌手，ＩＧ粉絲追蹤人數多到你跟晉元的粉絲數量加起來還贏不過他，論後台還是人氣我們全都比不上。共同合作反而是沾了他的光，新銳娛樂怎麼可能忍受我們一而再、再而三占他便宜。」

「也是……」葉允橙美夢破滅，他垂下肩膀，神色灰敗，「我今晚先試探一下他的想法。」

「小心一點，別讓他發現你怕黑。」溫家麟有點擔心，他的腦海浮現各種連續劇般的畫面，例如方安洛把葉允橙鎖在沒有開燈的廁所或琴房裡，或是要求他穿越黑暗的長廊去拿東西。這弱點如果被方安洛知道了，他有千百種方法可以折磨葉允橙。

葉允橙不敢告訴經紀人方安洛早就知道了，點了點頭，「我會注意的。」

幾分鐘後，許晉元來了。與兩人不同，聽到得罪大人物的消息，許晉元一如既往面癱，只淡淡說了句：「以爲他脾氣差，原來脾氣還不錯。」

換作是他，被搶了工作還被對方要簽名、加油打氣，一定會覺得對方在羞辱他，那天方安洛最後肯簽名已經很好了。

藍星音樂一行人搭乘保母車前往今早的工作地點，車子駛進一所大學，校園裡人來人往，還有好幾個小吃攤販。

熟悉的園遊會氣息讓葉允橙心情輕鬆了不少，他很喜歡來校園演唱，當他站在台上看著台下滿滿的學生，便感覺回到了最快樂的高中時期。

比起令人窒息的鋼琴演奏會，他更喜歡與同儕們在臨時搭建的舞台上演唱，喧鬧的歡呼聲、汗水淋漓的表演，一切都美好得令人目眩神迷。

「你真的要去教鋼琴？那些演員可不會乖乖聽你的話，還有可能整你。」在舞台後方，許晉元趁著等待上場的空檔，語重心長地勸戒自家學長，「尤其是方安洛，對他而言你只是個得罪他的卑鄙後輩。」

「我會跟他解釋這是意外……」

「但事情已經發生了，他肯定不會給你好臉色。」

葉允橙猶疑不定，昨天只跟方安洛短暫地聊了一下，可他覺得方安洛對他挺友善的，不僅很關心他，怕他站不穩一直牽著他的手……

想著想著，葉允橙感覺臉頰有點發燙，他趕緊用力搖了搖頭，驅散腦海中的畫面：「不會的，我沒感覺到他的惡意，你看，他還是在專輯上簽名了。」

就在這時，一直注意舞台進度的溫家麟急匆匆地走過來催促兩人，「時間差不多，你們該上台了。」

葉允橙比了個ＯＫ的手勢，走出後台前，嘴角微微上揚，對沒什麼表情的許晉元開口，「你準備好了嗎？」

「當然。」許晉元溫柔地笑了，並主動牽起葉允橙的手，領著他走上舞台，儼然一副深情模樣。

這讓葉允橙頗爲扼腕，既然許晉元有這般演技，爲何昨天幫他跟方安洛要簽名時不演一下！

兩人一出現在舞台上，台下頓時掀起一片尖叫，觀眾大多都是學生，也有遠道而來的粉絲。

葉允橙一眼就看到他的粉絲站在舞台前方一角，這些粉絲就像一支來刷遊戲副本的隊伍。有人擔當炮手拿著專業單眼相機對準舞台，有人擔當補師拿著應援板高喊他和許晉元的名字，也有幾個粉絲手持相機與手機錄影。

一行人的隊伍陣型非常明確，炮手占據視野最佳的位子，補師站後方，其他隊員站在炮手旁邊拍照捕捉漏網鏡頭及錄影。

瞧見那頂熟悉的漁夫帽與價值不菲的專業相機，葉允橙知道可可珍珠又來了。這孩子是他的後援會菁英幹部之一，幾乎出席了他的每場公開活動，也只有她有能耐指揮其他粉絲行動有度。

「大家好，我們是元橙CP，我是許晉元，這是我學長葉允橙！」許晉元一反平時的死魚樣，興致高昂地進行開場。

「大家站在這裡很久了吧，辛苦你們了。」葉允橙俏皮地說：「我們就快快唱完快快結束，大家再撐一下就可以散會啦。」

「當然不行！」舞台一角的元橙粉絲們以高分貝回應。

望見他們著急的模樣，葉允橙微微一笑，此時背景音樂悠悠響起，他舉起麥克風，緩緩唱出一段優美婉轉的曲調。

這首歌是他跟許晉元的合唱曲中最受歡迎的一首，就算不是他們的粉絲也大多都聽過這首歌，所以在他們倆歌唱時，台下的觀眾們也很嗨地跟著唱。

方才葉允橙說要快快唱完當然是開玩笑，演唱時間跟曲子早就決定好了，他們只要照著安排演出即可，他只是稍微活絡一下氣氛。

葉允橙沉浸並享受在演唱中，可才剛唱完第一首，有個突兀的聲音猛然從觀眾席中傳來。

「許晉元、葉允橙，你們是不是不合！」

這個問題太過突然，葉允橙一時反應不過來，愣愣地看向聲音來源。

正巧這名觀眾離舞台非常近，他高舉著手機，以宏亮的聲音嘶吼：「元橙ＣＰ都是裝出來的吧？有人拍到你們吵架的樣子！」

「什麼？何時？」葉允橙滿心納悶，轉頭看向許晉元。

許晉元聳聳肩，立刻滿臉堆笑地化解尷尬：「我也很希望能跟學長吵一次架，畢竟越吵感情越好啊。可惜我們最近真的沒吵，唉……學長你何時要跟我吵架？」

此話一出，原先沉默下來的群眾中傳來噗哧一聲，舞台一角甚至傳來「床頭吵床尾合」的喊叫聲。

「你在哪裡看到我們吵架了？」葉允橙看到那位觀眾瘋狂揮舞手機，螢幕上似乎有他們的身影，在好奇心的驅使下，他走近並彎身看了下螢幕。

照片上是兩人昨天下午在公司樓下起爭執的身影，這張照片剛好拍到許晉元推他肩膀的瞬間，也清晰拍到許晉元臉上不耐煩的表情。

「這個……」葉允橙一時語塞，不知該怎麼解釋。

這件事實在說來話長，當時他正強迫學弟幫忙要簽名，一直想把方安洛的專輯強塞到許晉元手上，最後被許晉元一把推開。萬幸的是，照片聚焦在許晉元的臉上，專輯封面正好被他的掌心遮住。

他不禁鬆了口氣，他可不打算對外公開自己是方安洛的粉絲。

「喔，這張啊。」許晉元也看了過來，他手持麥克風，在眾目睽睽下露出一絲不屑，「沒什麼，學長一直想透過我認識另一個男人，這讓我心裡很不是滋味。」

聽著台下群起激動的鼓譟聲，葉允橙內心再次充滿感嘆，爲什麼學弟就是不肯把這種演技拿來假扮方安洛的粉絲！

「眞的嗎！」

「是誰！長得帥嗎！」

「修羅場啊啊啊啊！」

現場嗑到糧的元橙粉絲們欣喜若狂，瘋狂拋出問題想了解內幕，但葉允橙知道這件事只能點到為止。他尷尬地笑了笑，把焦點轉移回他們元橙CP身上。

「你擔心什麼？不管我跟再多人聯絡，心裡也只有你。」葉允橙眉眼間帶著甜笑，開啓全糖模式，「因為你是我的CP啊。」

「真的嗎？」許晉元面露委屈地反問。

「當然是真的。」葉允橙伸手摸摸許晉元的頭，落實忠犬學弟的人設。

聽見周遭震耳欲聾的尖叫聲，葉允橙知道危機大概化解了，他放下懸著的心，在接續響起的背景音樂下跟學弟唱完最後一首歌。

「圓得好，你們在外面多注意點，不要打鬧過頭了。」溫家麟點點頭，對這場危機處理還算滿意，那時他人就在旁邊，自然目睹了全程，「不過允橙，你不能每次都讓晉元護著你，公開承認喜歡方安洛不是什麼壞事，也有助於改善我們跟方安洛之間的關係。」

「我只想隔著螢幕追星！」葉允橙激動地拒絕這項建議，「怎麼可以追星追到本人面前？太危險了。」

溫家麟搞不懂危險在哪，但看他如此堅持的樣子，只能無奈放棄。

♪

「你不可能永遠藏起來的，人在談起喜愛的事物往往很難藏住神情，你跟他相處的時間越長越容易被發現。」

直到夜色降臨，葉允橙獨自一人搭車前往《對鬼彈琴》拍攝現場時，腦中仍想著溫家麟白天對他說的那番話。

「如果他懷疑，我再找其他藉口好了……」葉允橙一邊嘟囔著，一邊用手機查看外送進度。

他走進校園，跟校門口的警衛點頭打個招呼。一踏進被黑暗籠罩的校舍，他繃緊了神經，而後他轉進一處走廊，雙目陡然一睜，腳步停了下來。

幾盞燈懸掛在長廊天花板上，有氣無力地抵抗著黑暗，而在長廊的盡頭，佇立著一名女子。

女子有一頭垂至腰間的黑色長髮，她穿著高中制服，容貌秀美，面色卻呈現不自然的慘白。

在一片詭異的沉默中，女子對葉允橙緩緩招了招手，露出一個異常燦爛的笑。

葉允橙皺著眉頭思索了一會，猶豫地開口：「夏予青小姐，妳這是要找我練琴嗎？」

對面的女鬼噗哧一笑，長廊上頓時迴盪著她爽朗的笑聲，「你怎麼沒嚇到？不好玩。」

「我是嚇到了。」葉允橙重新邁開步伐，「轉角忽然出現一個人，誰都會嚇到。」

「你的反應比那些學生差多了。這裡偶爾會有想偷窺拍攝現場的學生出現，那些人見到我都叫得好大聲。」夏予青快步朝他走來，目光毫不遮掩地上下打量他，「你就是那個粉絲後台很硬的葉允橙？看起來人畜無害的，沒想到……嘖嘖，人不可貌相啊。」

「這是個誤會。」葉允橙尷尬地摸了摸後腦杓，「我們不知道主題曲原先是由安洛前輩來唱，這個我會再跟他解釋。」

「沒關係啦，反正已經把主題曲搶到手了，隨你怎麼說嘍，」夏予青發出銀鈴般的輕笑，視線停在他的手指上，「那鋼琴王子的稱號呢？這也是誤會嗎？」

葉允橙確定了這人是來找碴的，他忍住羞恥，無奈地解釋：「我也不曉得爲何會有這個稱號，學弟跟我說，他們可能是見人長得好看又會彈琴就這麼叫了。」

「我就是好奇，吳導一直說要來教琴的人很厲害。你考過哪些檢定？畢業於什麼學校？得過什麼獎項？」

葉允橙沉默一會，說出自己的看法：「我認爲學鋼琴最重要是彈得開心，檢定或獎項不過是附帶的價值。」

「好吧，看樣子我們合不來。」夏予青兩手一攤，驕傲地抬高了下巴：「你不用教我，我爸媽幫我請了很厲害的鋼琴名師，他畢業於國外知名音樂學院，拿過數十個獎項，國內許多鋼琴比賽都找他當評審。我想你應該不想拿自己跟他比。」

「確實不想。」葉允橙非常瀟脫地回：「如果沒事的話我先走了，安洛前輩還在等我。」

「你去吧，我不知道安洛的程度在哪，但黃樂雅應該很需要你的幫助。」夏予青嘲諷一笑，揮揮手消失在樓梯間。

葉允橙看著她離去的背影，莫名感到有些羨慕，他若是夏予青那種個性，也許當初學鋼琴會學得更開心。

昨天簽約後，他便開始做功課，詳細了解電影內容。

《對鬼彈琴》是一部帶有音樂元素的校園怪談電影，傳說這間學校的音樂教室每逢深夜便會傳出鋼琴聲。只要在那間音樂教室彈出一樣的旋律，就會被女鬼纏上。

女鬼曾是音樂班的資優生，在參加鋼琴比賽前一天死於非命，好勝的她死後夜夜徘徊於音樂教室，想要完成那場她沒能參加的比賽。

女主角被迫彈了同樣的旋律，結果真的被女鬼纏上。女鬼用盡各種方法逼迫她回到音樂教室跟自己比賽，方安洛飾演的男主角爲了拯救學生，主動跟女鬼鬥琴，在千鈞一髮之際戰勝了女鬼。

夏予青飾演的女鬼一開始是憂傷的亡魂，經常在半夜彈琴訴說自己的遺憾，隨著時間流逝，她的執念越來越深，最後幾乎失去理智，只想用自己的琴聲擊倒對手。

這一切的變化都得靠彈琴來演繹，所以飾演女鬼的演員必須是很會彈琴的人，而男主角跟女主角要彈的曲目只有女鬼的一半，琴技其實不需要像夏予青一樣好。

葉允橙跟劇組的人打過招呼，得知方安洛跟黃樂雅還在樓上的教室拍攝後，他也不著急，隨意地跟劇組人員聊天，甚至還跑到校門口安撫以爲接到鬼訂單的外送員，分他一杯飲料壓驚，最後再回到拍攝現場和樂地發飲料。

「所以說做人不要鐵齒，該拜的一定要拜，否則最後可不是收驚就能了事的。」

「對對，拍這類片子最重要的就是寧可信其有，不可信其無。」

「這樣啊，我都不曉得拍鬼片還有這麼多眉角要注意。」

當方安洛完成他的拍攝進度準備回休息室時，一眼便看到葉允橙跟道具師和製片助理在討論拍片遇到的七大怪談。

看著葉允橙嚼著珍珠點頭如搗蒜的樣子，方安洛覺得有些好笑。

「啊，是那個傢伙！他怎麼還有臉來？」準備回休息室換裝的黃樂雅震驚地看著葉允橙，腮幫子鼓了起來，「導演讓他指導我們鋼琴，他還真的照做啊？也不想想自己做了什麼。」

「我覺得他可能不知道這件事。」其實方安洛看出來了，昨天他甩門離開前，藍星音樂一行人的表情說明了一切。

「我不管，反正他搶了你的主題曲，我不想聽他唱歌，也不想給他教。」黃樂雅雙手環抱在胸前，沒好氣地將頭撇向一邊。

「那我把他帶走了，我需要他教我彈鋼琴。」

「啥？等等——安洛哥？」

方安洛噙著微笑走向葉允橙，當他接近時，聊天聲陡然停止，眾人神色驚疑不定，視線在兩人之間來回打量。

葉允橙立刻站起身，對他鞠了個躬。

「安洛前輩，不好意思我來得太晚，抵達時你已經開始拍了。」

方安洛眉頭一挑，望著對方過度恭敬的樣子，看樣子藍星音樂的人已經知道眞相了。

「沒事，我們走吧。」

「好的，啊對了！」葉允橙踏著小碎步從長桌上拿一杯飲料，雙手捧著遞到他面前，「這是我的經紀人家麟哥請大家的飲料。我會在這叨擾一段時間，還請你們多多關照。」

方安洛看了一眼黏在杯壁上的貼紙，上面寫著——無糖香草拿鐵。

他又看向葉允橙，只見對方目光閃爍，表情隱隱帶著期待，這般神情讓他差點笑出來，所幸他忍住了。

「謝謝。」方安洛接過飲料。

「我會轉達給家麟哥。」葉允橙露出燦爛的笑容。

方安洛一時有些看呆，眞的太過分、太犯規了，他應該要對這個人感到不滿，可這張臉讓他完全氣不起來，果然可愛就是正義。

他忍住想抱抱這隻小動物的衝動，開口催促：「還不快走，時間所剩不多了。」

「好。」葉允橙滿足地看了一眼那杯幸運咖啡，拿起自己的珍奶，腳步輕快地跟了上去。

「我以爲你也喝咖啡，看樣子你是晚上喝咖啡會睡不著的類型？」方安洛趁機打聽他的資訊。

葉允橙搖搖頭，「確實會睡不著，不過主要原因是我喜歡喝珍奶。」

而且不是普通地喜歡，所有粉絲都知道他非常喜歡珍奶。

「珍珠奶茶就是魔法，它讓平淡無奇的紅茶變得有趣又美味。」一提到珍奶，葉允橙便開啓了話匣子，「我第一次喝到珍奶時驚爲天人，原來世上有這麼好喝的飲料，從此我的生命就再也不能沒有它了。啊，當然我還是會挑店家的，不是所有飲料店的珍珠都好吃，像這家珍奶就是五星好評。你想喝喝看嗎？我誠摯推薦。」

方安洛沒想到葉允橙這麼主動，才見面兩次就想間接接吻了？他以爲葉允橙是個臉皮薄的傲嬌，沒想到還滿有心機的。

方安洛以一種重新審視的目光看著他，嘴角微微上揚。

「好啊。」不管怎樣，人家都提了，他當然樂意接受。

「你等我一下，我——」葉允橙想走回去拿一杯給方安洛，結果話說到一半，他的偶像便抓起他拿飲料的手，傾身喝了一口。

葉允橙目瞪口呆，連剛剛要說什麼都忘了。

方安洛若無其事地挪回身子，意味深長地給了個評語：「我覺得有點甜。」

葉允橙盯著吸管，頓時不曉得該怎麼面對這杯飲料。

「我一向喜歡……喝甜的……嗯……」為了防止方安洛察覺不對，葉允橙壓下激動的情緒，結結巴巴地回應。他臉頰微微泛紅，內心十分糾結，總覺得喝了這杯飲料是在占人家便宜，不喝又很浪費。

葉允橙強迫自己不要多想，生硬地轉移話題。

「話說我、那個，安洛前輩，我、我今天從家麟哥那邊得知主題曲的事！」

沒錯，這才是他們該討論的話題。

葉允橙躊躇了一會，面有難色地坦承，「對不起，前輩，是我們搶了你的工作，我不曉得該如何彌補，只能先從這種小事做起。」

方安洛看著他真切的愧疚神色，明白自己之前想多了。他曾想像過葉允橙可能故意嘲諷他，然而那些假想都沒有發生。

他今天也跟公司開會討論過了，他們一開始就不該相信導演的口頭承諾，早點逼資方簽合約就不會發生這種事。

錯不在葉允橙身上，但要方安洛完全沒有怨懟是不可能的，至少短時間內很難。

生氣歸生氣，他也不想那麼小心眼，對他而言，人生本來就會遇到很多鳥事，要是把心思都拿來埋怨，他會過得很辛苦。與其花時間生氣，不如把時間拿來追美人。

「我的確很不開心，你害我準備好的劇本完全用不上。我本來拿著被當紅歌手欺負的過氣歌手劇本，台詞也都背好了，結果你這麼誠懇，害我又得換個劇本。」方安洛試圖以調侃的語氣帶過一切。

「你沒有過氣。」葉允橙用認眞到有點生氣的語氣反駁，說完，他似乎意識到什麼，趕緊解釋：「呃，我、我是說……你現在這麼紅，每個人都認識你，怎麼算過氣呢？」

方安洛有點意外葉允橙竟回答得如此認眞，忍不住瞄向他，「那你聽過我的歌嗎？」

葉允橙渾身一震。

方安洛以爲這個反應是沒聽過，他並不意外，人人都看過他演的戲，聽過他的歌的人卻不多。畢竟他是在演戲後才紅起來的，很多人甚至說過他的歌不好聽。

爲了不要給葉允橙太大壓力，方安洛拍了拍他的肩膀，笑著說：「你放心，現在的我不是方總裁，不會因爲你沒聽過，就說什麼『很好，我注意到你了，男人』。」

葉允橙沒有因爲他的玩笑而放鬆，他神情複雜，卻只是保持沉默。

兩人抵達琴房，方安洛拿出琴譜，現場彈奏一次。葉允橙檢視了他的指法，而後親自示範一次正確指法，並口頭講述換指的技巧。

「所以在彈到這個Mi時，你的大拇指要從下方繞過來彈，這樣無名指才能移出去彈到下一個音符。這一步練熟了，下一次遇到類似的問題，你的手指就會像呼吸般自然轉指了。」葉允橙詳細地解釋。

「那這一段怎麼辦？我感覺我的手指沒那麼多。」

「所有的曲子都是熟能生巧，練久就會了。」葉允橙放慢速度彈了一次，「你這段要多練練，你剛才彈得有點快，我打個節拍，你聽著我的拍子彈一遍。」

方安洛正想問葉允橙是不是曾經教過鋼琴，但聽到他最後一句話後反而有些疑惑了。

「用不著這麼麻煩，這裡有節拍器。」方安洛指向直立式鋼琴上的白色節拍器，不等葉允橙回應，便將節拍器調到相應的拍速。

葉允橙瞪著那個節拍器，張了張嘴，最後還是把話吞回肚裡。

噠──噠──噠──

節拍器一絲不苟的聲音在琴房內響起，方安洛在節拍器的引導下，不快不慢地彈完一段旋律。

「如何？這次沒跑拍了吧？」他回頭笑著問了一句，也就是在這時，他才發現葉允橙嘴唇失去了血色。

「好、很好……這段ＯＫ了。」葉允橙擠出勉強的微笑，關掉節拍器，「彈下一段讓我聽聽看吧。」

方安洛注意到，葉允橙身體僵硬，臉色也有點蒼白。

「啊，你這段……節奏反而有點慢了，再彈一次吧，配合節拍器多彈幾次就可以抓到感覺。」

方安洛彈完下一頁琴譜後，葉允橙主動將手伸向節拍器，但在碰到之前方安洛就抓住了他的手。

「不用，你打拍子吧，節拍器太吵了。」方安洛將他冰冷的手指推回原位。

「好。」葉允橙明顯鬆了口氣。

他們練習了一會，快到劇組收工的時間時，葉允橙才提出了新的建議：「安洛前輩……雖然我這麼做可能無法彌補什麼，但我可以將主題曲寫成兩種版本，一種是我跟晉元的合唱版，一種是你獨唱的版本。只是根據合約內容，獨唱版本屬於翻唱只能放在網路上，不過應該還是有一定宣傳效果。」

「不需要，你專心寫劇組要的主題曲就好。」方安洛立刻否決這個提議，儘管他知道這麼做確實會給自己帶來流量。

看著葉允橙忐忑不安的模樣，方安洛未能演唱電影主題曲的憤恨不平消退了許多，他淡然道：「這一行的工作本來就充滿許多變數，不習慣也得學著適應，花太多時間去怨懟，反而會使自己腳步停滯。」

葉允橙愣愣地看著方安洛，一時沒有出聲。

「這種事不值得我花那麼多時間執迷不悟，反正以我現在的聲勢，要得到類似的機會並不難……怎麼了？你爲什麼看起來……那麼悲傷？」

他只是隨便講幾句想略過這個話題，哪知道才說到一半，葉允橙的表情卻越發傷心，看起來甚至快哭了。

「我看起來很悲傷嗎？」葉允橙自嘲地反問，勉強勾起嘴角，「眞是太可笑了，明明我是害你受傷的人，還敢露出這種表情。」

可是他沒有辦法，因爲他曉得方安洛在撒謊。

方安洛已經好幾年沒有出新歌了，他的行程幾乎都被排戲塞滿，錯過這次機會，天知道下次是什麼時候。

方安洛思索片刻，最後站起身，對葉允橙笑著張開雙手，「不然這樣，你安慰我一下，我們就當這件事沒發生過，也別再提了，如何？」

看著葉允橙猶豫的樣子，方安洛內心不禁暗笑，這個人又在傲嬌，明明就很喜歡他，還在假裝矜持。

瞧見葉允橙臉頰微紅、神情不知所措、雙手僵在空中的樣子，方安洛貼心地主動上前將他抱個滿懷。

「那、那個……」葉允橙被抱得滿臉通紅，他以爲就是禮貌性地抱一下，就像外國人打招呼那樣，沒想到方安洛抱那麼緊，一隻手直接摟住他的後腰，另一隻手圈住他的肩膀。猝不及防撞在自家偶像的胸膛上，他清晰地感受到對方胸腹的肌肉線條，以及他身上的溫度和陌生的氣息。

「你好像很緊張？」方安洛埋在葉允橙的肩窩低笑。

「沒、沒有，我……只是沒想到，有這一天……」葉允橙的腦袋亂成一鍋粥，方安洛因為發笑而顫抖的身軀讓他更僵硬了。

畢竟過去他都是螢幕追星，唯一的心願就是得到簽名而已，如今的發展讓他不知所措。

「你都是這麼安慰人的？僵在原地不動？」

「不、不是的。」葉允橙艱難地伸手拍拍方安洛的背，感覺心臟快跳出來了，「可以了嗎？你有被安慰到嗎？」

「沒有，我感受不到你的誠意。」

葉允橙閉了閉眼，正猶豫著要不要輕撫方安洛的背……敲門聲冷不防響起，他嚇得渾身一震，連忙推開方安洛。

「安洛哥，劇組那邊準備收工了，別練了，回去吧。」門外傳來黃樂雅的提醒聲。

「好，妳先走吧，路上小心。」方安洛神色自若地隔著門板回覆。

黃樂雅失望地應了一聲，乖乖離開。

方安洛的目光重新回到葉允橙身上，發現他面頰泛紅，從耳根一路紅到脖子，還試圖用右手遮住自己的臉，然而紅暈的面積實在太大，單手根本遮不住。

「別、別看我……」葉允橙連聲音都在顫抖，看起來甚至快站不穩了。

方安洛心臟停了一拍，耳根有些發熱，喉嚨也感到一陣乾澀……

然而他才剛舉起手，葉允橙便嚇得往後一彈，連滾帶爬地奪門而出。

居然逃走了？

方安洛呆在原地。不是吧，這種時候不是該讓他摟著討親親嗎？氣氛不錯的話他還可以開玩笑說：「我要你用身體來安慰我。」這種陳腔濫調的總裁台詞試探對方的反應。如果一切順利，他就能把人帶回家試車，結果現在是怎樣？

方安洛鬱悶地踏出琴房，和正在收工的劇組人員道別，不曉得是不是剛才葉允橙製造的騷動太大，整個劇組瀰漫著一股詭異的沉默，看他的眼神也小心翼翼的。

他來到停車場，上車之後沉思許久，最後傳了個訊息給葉允橙。

方安洛看得出來葉允橙對他有好感，就是因爲喜歡他，所以才會在得罪他後如此傷心自責，也就是因爲暗戀他，才會因爲他的碰觸而害羞臉紅。

他們認識的契機不好，但既然葉允橙是無心的，他沒必要糾結這件事太久，爲了這種事錯過如此對胃口的天菜，這才是最令他扼腕的。

方安洛收起手機，發動車子，在駛出學校的途中開啓了廣播電台。

「接下來，小編想帶來一首我個人很喜歡的歌，這首歌來自兩位極具潛力的新生代歌手，他們高中時就相識，彼此相知相惜，既是競爭對手，也是最佳伙伴。他們的感情超越愛情與友情，若要說這份情感是什麼，我只能跟你說，聽了他們的歌，你就會明白——就讓我們來聽聽，元橙CP的主打歌曲〈南柯一夢〉。」

第四章 南柯一夢

在一所廢棄的學校禮堂裡，葉允橙穿著高中生制服，獨自一人在台上彈著三角鋼琴。他的身子筆挺，修長的手指優雅地在琴鍵上跳舞，神情專注而平靜。

在琴聲的襯托下，容貌俊秀的青年緩緩開口，他的聲音溫潤柔和，音調也比一般男生來得高，他以高超的唱歌技巧唱出了一抹淡淡的憂愁。

「我追逐你的身影，回過神來，才發現這一切不過是場南柯一夢……」

鏡頭聚焦在他身上轉了一圈，最後畫面轉回他曾經的美夢裡。

學校禮堂變得煥然一新，彷彿回到最風光的時期，小小的禮堂裡人滿爲患，台上也不再只有葉允橙一人，還多了吉他手與貝斯手，以及主唱許晉元。

許晉元以低沉的嗓音，唱出同一首歌。一樣的節奏，他唱起來跟葉允橙有不同韻味，一個唱得輕柔，一個唱得渾厚低沉，兩人的合聲更是完美融合在一起。

鏡頭轉過一個又一個畫面——兩人在社團教室團練、一起研究樂譜、完成表演後的相視而笑……每個畫面都像閃閃發光的碎片一掠而過。

然而從某天開始，所有一切都變了。

教室裡剩下葉允橙一人，台上也只剩他在演唱，他神情悲傷地唱完副歌。下了台，他在人群中尋找許晉元的身影，最後發現對方背對他跟其他人聊天，再也不看他一眼。

沒有人知道他們之間發生什麼事，一切轉變得太過突然，就像夢醒一般。

在MV的尾聲，葉允橙夢到他跟許晉元曾經擁抱過的場景，音樂結束時，畫面停留在他躺在床上睜開雙眼的瞬間。

「眞是太美好了……」

在一間寂靜的工作室內，一名戴著漁夫帽的長髮女子默默縮在舒適的電競椅上，頭戴耳機欣賞大尺寸螢幕上播放的MV。

她重播了一遍又一遍，而後滿足地嘆了口氣，打開聊天群組抒發自己的感想。

「謝謝芋圓珍珠，剛剛在廣播電台聽到〈南柯一夢〉後，我又忍不住把MV刷了好幾遍，眞的太喜歡他們的虐戀情深了。」女子一連點了好幾個哭泣的表情符號，隨後便看到群組的聊天訊息不斷跳出。

「什麼？芋圓珍珠又偷偷在廣播電台推坑了？嘖嘖，做得好啊。」

「芋圓太太，我要點播橙橙的〈今生只想與你走紅毯〉，昨天已經寫信投稿了，輪到我了嗎？可以播了嗎？」

「點播的信塞爆啦，還要十幾首才輪到你哈哈。等等要播的時候我會預告。」芋圓珍珠發了個眨眼的貼圖。

漁夫帽女子盯著聊天群組，時不時跟著大家閒聊幾句，隨後點開了葉允橙的ＩＧ。

雖然〈南柯一夢〉很好聽，但這首歌太虐了，她需要一些甜甜的糧食來沖淡滿嘴的玻璃渣。

一張張美如畫的照片看得女子心花怒放，她的偶像簡直帥氣得零死角，怎麼拍都好看。而且有好幾張照片都是跟許晉元一起拍的，雖然也有和其他人的合照，但一眼看去還是他們兩人的合照最多。

尤其最新一張，葉允橙為了澄清兩人沒有不合，放了由許晉元執掌鏡頭的自拍合照，照片裡的他們不僅靠得很近，許晉元的手還摟著葉允橙的肩膀。

雖然看上去只是好兄弟搭著對方肩膀的畫面，但在女子心裡，這個舉動無疑是摟著學長宣示主權。

她點開那張照片，感覺吃了滿嘴糖，心裡甜滋滋的。身為元橙ＣＰ粉的她簡直是人生贏家，不僅官方天天發糖，還有一堆同好可以跟她分享元橙ＣＰ的美好。

就在這時，葉允橙突然開了直播，她驚喜地睜大眼睛，趕忙點進直播間。

鏡頭前葉允橙坐在椅子上，身前擺著一台有些老舊的電子琴，背景是他的房間，後方還放著一張整潔素雅的小床，以及一隻占據了整張床的大熊娃娃。

不論何時，她的偶像都這麼可愛，不但大方公開他睡覺的地方，還給大家看他的枕邊態。

女子嘴角泛著甜笑，一邊收看直播，一邊打開聊天群組通知大家偶像開直播了。

「謝謝可可珍珠！立馬去看！」

「好耶！睡前還有橙橙的盛世美顏可以舔！」

「我在直播間了！馬鈴薯已經在床上躺好等橙橙一起睡了，好羨慕嗚嗚……」

「嫉妒使我面目全非，我也要當馬鈴薯！」

「啊啊啊怎麼這時候開直播，我還在上班啊！」芋圓珍珠發出慘叫。

然而她的悲鳴很快被淹沒在聊天訊息中，不一會兒聊天群組冷清許多，這些粉絲們都擠到直播間了。

葉允橙表情溫和地盯著手機鏡頭，隨手彈了幾個音，露出溫柔的笑容。

「各位珍珠晚安，我在想今天是不是太晚開直播了，你們準備睡了嗎？」他的聲音親切得宛如在和家人閒聊一樣。

因為喜歡喝珍奶，葉允橙就將粉絲們稱為珍珠。這個稱呼好像挺對粉絲胃口，葉允橙的粉絲們紛紛以某某珍珠自稱，並且為了讓他留下印象，在留言區刷了一排「某某珍珠來了」、「某某珍珠報到」之類的。

報到完後，大部分粉絲們都乖巧地回覆他「還沒睡」或「正要睡」，也有少數粉絲則大膽地回「沒有橙橙我睡不著」、「正在等橙橙跟我一起睡」、「我要看到橙橙跟晉元睡一起我才能安心入睡」。

葉允橙盯著留言，無奈地笑著搖了搖頭，接著看到一個熟悉的帳號留言了。

「到家了？」不知何時，許晉元也擠進了直播間。

「對啊，我到家一段時間了。」葉允橙很自然地在鏡頭前回應，粉絲們沒有錯過許晉元的留言，兩人的互動看得粉絲嗷嗷直叫，瞬間腦補了五千字的互動。

「什麼情況！」

「你們剛剛才散會嗎？現在十一點了耶！」

「都做了什麼了？」

由於粉絲們都在，許晉元不好詢問得太詳細，只好打了個問號。

葉允橙當然看得懂他問什麼，可想到晚上發生的事，他呃了一聲，有些困窘地別開眼，耳根也在燈光的映照下微微泛紅。

這般神情讓粉絲們都看傻了，聊天室頓時失控，元橙ＣＰ粉激動得像煮沸的開水一樣，看得許晉元眼皮一跳，他好像不小心藉著方安洛發了不得了的糧。

「晚點跟你說，等我電話。」葉允橙對許晉元隔空喊話，隨後繼續跟粉絲閒話家常。但粉絲們紛紛要他趕快結束直播跟許晉元通話，不然就是請求許晉元立刻加入直播。

「沒事，我們晚上沒聚在一起，晉元只是問我去幹麼了，你們也看到我的限時動態了……嗯？我沒有去鬼屋，那地方是有人的，只是晚上比較陰森。」葉允橙輕笑著解釋，最後在粉絲的要求下，將床上的大熊娃娃抱了過來。

「真搞不懂你們為什麼這麼喜歡馬鈴薯，它除了躺在床上睡覺外什麼也不會。」葉允橙坐在電子琴椅上，旁邊擠了一隻棕熊娃娃，娃娃一下子就往前撲倒在琴鍵上，看起來像個醉漢。然而它這般模樣卻大受粉絲歡迎，眾人紛紛留言。

「那隻馬鈴薯就是我，謝謝大家。」

「今天的我就是橙橙的馬鈴薯，我要跟橙橙一起彈琴一起睡覺。」

「橙橙不要再抱馬鈴薯了！學弟就在這裡，快抱他啊！」

「不是我要說，我真覺得橙橙的床有點小了，跟馬鈴薯一起睡很擠吧？不考慮換雙人床嗎？」

「雙人床？」葉允橙隨意地彈著簡單的音符，剛好看到這則留言。

他回頭看了自己的床一眼，搖了搖頭，「房間太小，放雙人床太擁擠，而且雙人床雖然能躺的空間比較多但太空曠了，我不喜歡這樣……還是單人床比較令人安心。」

「多塞幾隻馬鈴薯就會變得很擠了！」

「橙橙你缺少的是晉元學弟，有晉元就不空曠了。」

「我要哭了這是什麼沒安全感的發言，快找晉元一起睡吧！」

葉允橙忍俊不禁，沒再回應這個話題，彈起電子琴，悠悠地唱著歌，彈奏的過程中還因爲手臂伸得太長不小心把馬鈴薯從椅子上推下去。

他撈起馬鈴薯，瞧了瞧聊天室的留言，忍不住笑出聲，愉快地應粉絲要求連唱了好幾首歌，連不是自己的歌也唱了。

葉允橙唱得很開心，殊不知這副模樣全被某個男人看在眼裡。

「我還想他怎麼這麼久都沒回我訊息，原來在直播。」方安洛喃喃道，又好氣又好笑地看著直播中的葉允橙。

方安洛坐在舒適的雙人床上，背靠著枕頭，在葉允橙結束直播後陷入了沉思。

進展得太順利，方安洛差點忘了，葉允橙還有個「對象」。

葉允橙和那個跟他要簽名時超沒誠意的許晉元是螢幕情侶，方安洛推測這應該只是螢幕人設，兩人只會在鏡頭前放閃，私底下肯定是普通的好哥們罷了。

畢竟葉允橙暗戀的對象另有其人，方安洛美滋滋地想著。

然而陳玥說過，葉允橙和許晉元的粉絲有七成以上都巴不得他們早點宣布結婚，這些粉絲把兩人共同合作的MV當成定情曲，螢幕前的賣腐當成官方發糖。只要讓他們站在一起，粉絲就能編出一部長達十萬字的愛情小說，其中五萬字都是車的那種。

方安洛越想心情越沉重，拿起手機上網搜尋元橙CP的資訊，他想確認一下這對學長學弟CP紅到什麼地步。

他找到元橙CP粉的推坑懶人包，便抱著不屑的心情點進去，結果傻眼了。

粉絲整理的懶人包十分精美，先是分別介紹葉允橙和許晉元，接著給大家看兩人的合作ＭＶ，之後附上幾張拉拉小手、摟摟肩膀、相視而笑的「甜蜜照片」。

最後則是粉絲們精心剪輯的影片，裡面全是兩人在節目上與公開行程的互動，儘管只是一起唱個歌，被粉絲加上粉紅愛心濾鏡以後，氛圍都曖昧了起來，視線對上的那一刻還被放慢了影片速度，畫面特意放大，搞得跟愛情劇一樣。

方安洛越看越想笑，他真心覺得這些粉絲很會腦補，許晉元一看就是個直男，演技如此拙劣還想營造忠犬學弟的人設，怪不得賣的腐怎麼看怎麼尷尬。

方安洛很想跟他說，既然沒有要假戲真做就別再賣腐了，元橙ＣＰ遲早會翻盤，早點讓粉絲們改吃洛橙ＣＰ才是王道。

就在這時，葉允橙終於回覆訊息了。

「我後天過來。」面對他傳過去的調侃文字，葉允橙什麼也沒說，僅僅傳了這句話。

方安洛嘴角上揚，正打算回覆，葉允橙又傳了一則訊息。

「安洛前輩，很抱歉今天沒有安慰到你，可以改其他方式嗎？那個實在有點……」

方安洛加深了笑容，手指在螢幕上快速的打字，「不喜歡被我抱嗎？」

葉允橙已讀不回，五分鐘過去，才終於冒出新的訊息。

「沒有不喜歡，呃，只是覺得我得到太多了……只要是跟音樂有關的事，我都可以幫忙出力。當然，這只是我的建議！不管是安慰也好、幫助也好，只要能讓你開心。」

方安洛看得心跳加速，他好想直接打電話給葉允橙，還在猶豫要不要這麼做時，葉允橙居然把最後一段話收回了。

「總之，我後天會過來一趟，不好意思這麼晚還打擾你，晚安了。」

方安洛看得一愣一愣，這他媽是什麼情況，爲什麼要把話收回？

這時候對方不是該趁勢告白嗎？「只要能讓你開心」這段話打完明明可以接著說「我什麼都願意做，因爲我喜歡你」。

結果葉允橙居然收回了？他都已讀了收回個屁！

把人撩得七上八下後果斷撤退，葉允橙是拿了總裁故事裡的女主角劇本嗎？

「下次不會讓你跑了。」方安洛望著手機喃喃自語，雖然很快就能再見面，可想到劇組的情況，他又猶豫了。《對鬼彈琴》的拍攝環境對葉允橙太不利了，他那麼怕黑，就算自己不使壞，難保其他人不會。

例如明顯對葉允橙沒好感的黃樂雅跟夏予青，這兩位各有來頭不好對付，要是葉允橙的弱點被她們知道，恐怕會被整得很慘。

也許他該提醒葉允橙帶個助理過來，或是白天再過來，畢竟葉允橙看起來不是單純怕黑，那症狀更像恐慌症，嚴重的話還可能引發呼吸困難。

方安洛思考片刻後又傳訊過去，沒多久，新的訊息出現了。

葉允橙回覆自己不需要帶上助理，且約定的時間照舊。

見對方心意已決，方安洛不再試圖說服，只是特別提醒葉允橙要小心夏予青，她最愛頂著女鬼妝容到處裝神弄鬼，至今已經嚇哭許多學生。

♪

到了與方安洛約定好的日子，葉允橙一個人搭乘計程車前往。伴隨著夕陽餘暉，他哼著歌走進校園。他今天打扮得十分休閒，頭戴一頂漁夫帽，穿著寬鬆的白T配七分寬褲，還帶著背包與紙袋。

葉允橙走到劇組拍攝地點，一邊跟還在架設備的劇組人員打招呼，一邊左顧右盼尋找他的目標。

很快地目標出現在拍攝現場，葉允橙微微一笑，腳步輕盈地走過去，今天他特地提早過來，就是爲了在開拍之前堵到人。

「你怎麼還來啊？」黃樂雅一看到葉允橙便賞了個白眼，「別找我，我不需要你教我彈琴。」

「我知道妳很優秀，不需要我的幫忙。」葉允橙笑了笑，毫不在意地說：「我是來感謝妳的。」

「哈？」

在黃樂雅難以置信的注視下，葉允橙摘下帽子，羞赧地低頭表示：「謝謝妳上次提醒我方安洛是歌壇前輩。我眞是有眼不識泰山，在業界待這麼久，居然不知道安洛前輩有出過歌曲。那天回到家後，我立刻找了安洛前輩的歌來聽，只能說……眞的是相見恨晚。」

葉允橙頓了頓，發揮演技繼續半眞半假地述說。

「他的歌怎麼可以這麼好聽？安洛前輩眞是太厲害了！長得帥、會演戲、唱歌也好聽！我眞的好喜歡他的歌，尤其是第二張專輯裡的主打歌〈長夜漫漫〉，那個深情的嗓音聽得我心都碎了……」

「〈長夜漫漫〉那不是八年前的歌嗎？我以爲你頂多聽最紅的那幾首，想不到你聽得還挺仔細的。」黃樂雅用一種重新審視的目光看著葉允橙，而後她嘴角不禁上揚，頻頻點頭說道：「我也很喜歡〈長夜漫漫〉，很多人說那首歌太過抑鬱，但這不就代表安洛哥有實力才能唱得如此扣人心弦嗎？」

「是的，聽完那首歌我彷彿看了一場電影，短短四分鐘卻像經歷了一段淒美的愛情……」葉允橙拿帽子掩蓋激動的表情，感慨地說：「我的腦海中一直浮現那段副歌的旋律，練琴時也忍不住彈起〈長夜漫漫〉，太好聽了。」

「你會彈〈長夜漫漫〉？」黃樂雅吃驚地提高音量，「網路上找不到那首歌的琴譜，你在哪找的？」

葉允橙放下漁夫帽，笑咪咪地說：「沒有找，我自己編的。」

琴技到了他現在的程度，要給流行曲編琴譜是很容易的事，基本上任何曲子他只要聽過一遍就能現場彈出來。

不是人人都能學會即興伴奏，有的人只要看得懂琴譜，可以彈奏喜歡的曲子就滿足了，他猜黃樂雅也是這種類型，因爲夏予青曾說過黃樂雅可能需要他的幫助。

「安洛前輩有好幾首歌用鋼琴彈都很好聽，但我聽得不夠多，不曉得還有哪些歌曲適合編成琴譜——」

「你會彈〈夜雨微涼〉嗎？〈流螢〉呢？這首超好聽，你會嗎？」黃樂雅急促地打斷葉允橙的話，表情也越發期待。

「〈流螢〉我沒聽過，讓我聽個一、兩次應該就會彈了，〈夜雨微涼〉我也會，這首歌旋律簡單，能做的變化很多，還可以發展成四手聯彈的版本。」

「我要彈！」黃樂雅略顯激動地喊了一句，喊完後才發現自己失態，尷尬地解釋：「咳，我是說那正好，我先看看你彈得如何，才能決定你有沒有資格教我。」

「沒問題。」葉允橙點點頭，兩人沒再囉嗦，趕緊利用開拍前的零碎時間前往琴房。附近整弄設備的劇組人員瞧見這一幕都呆掉了，他們沒聽清楚葉允橙和黃樂雅聊了什麼，只知道他們談了幾句就和樂地前往琴房。

昨天黃樂雅還發誓絕不會讓葉允橙教她鋼琴，現在是怎樣？

於是，當方安洛抵達拍攝現場時，便從劇組人員口中得知葉允橙已經來了，且正在教黃樂雅彈琴。

方安洛覺得他白操心了，葉允橙沒他想像得那般柔弱，想想也是，對方都出道兩年了，總會有自己的生存之道。

就在正式開拍前十幾分鐘，黃樂雅造訪了方安洛的專屬休息室。

「安洛哥晚安！」少女蹦蹦跳跳走進來，小臉紅撲撲的，手上還捧著一個紙袋。

方安洛正好上完妝，他打量著似乎完全被葉允橙收服的黃樂雅，內心竟感到一絲不是滋味，他原以爲葉允橙只會教他一個人。

不過爲了保持形象，他還是笑著開口：「妳看起來很高興？」

「沒有啦，只是今天剛好帶了點好東西，迫不及待想跟安洛哥分享……」黃樂雅遞出手中的紙袋，羞澀地說：「我今天剛好路過一間手工餅乾店，聽別人說安洛哥喜歡這家店的餅乾，所以就買了。如果安洛哥拍戲餓了，可以吃一點……」

方安洛看向紙袋的LOGO，那是他買過不只一次的店家。雖然他從未跟人提起，但偶爾會在IG上曬這家店的東西。

「謝謝。」他點頭接過紙袋，看了眼裡面的餅乾，全是他喜歡的口味。

「妳有分允橙嗎？」

「嗯？」黃樂雅愣了愣，很快反應過來：「當然有，我不是那麼小心眼的人。」

是誰昨天信誓旦旦說絕不給葉允橙教鋼琴？方安洛感到有些好笑，不過他還是招了招手，示意黃樂雅隨便找個位子坐，「還有一些時間，我們一起吃吧，順便聊一下今天要拍的部分。」

「好！」黃樂雅雀躍不已，但她忽然想到什麼，連忙說道：「對了安洛哥，我、我有件事想拜託你。」

「什麼事？」

方安洛哭笑不得，天下果然沒有白吃的餅乾。

在他的注視下，少女從隨身攜帶的小包包中抽出一張專輯，雙手遞到他面前。

「可以請你簽名嗎？」黃樂雅用水汪汪的眼睛凝視著他，神情有些害羞，「我、我朋友也是你的粉絲，自從他知道我們一起拍戲後，一直吵著叫我跟你要簽名……可以嗎？」

方安洛覺得自己最近被要簽名的次數有點頻繁，沒想到事隔這麼多年，他還能從其他人手中看到這張專輯。這是他八年前出的第二張專輯《長夜漫漫》，那時他還以爲自己可以靠著這張專輯翻身，哪知在那之後長達五年他的星途都是漫漫長夜。

「可以是可以，但我沒筆。」

「我這邊有！」黃樂雅又從包包掏出一支全新的麥克筆。

方安洛接過筆和專輯，一邊簽一邊問道：「需要屬名嗎？」

黃樂雅想了想，笑容燦爛地舉起一根食指：「不用，幫我畫個愛心就好。」

方安洛點點頭，在名字的右下方畫了個小愛心。

在那之後他們聊了今天要拍攝的部分，順便對戲，而後黃樂雅表示要在開拍前上個廁所便先行離開了。

方安洛離開自己的休息室時，忍不住抬頭仰望二樓的琴房，他有點想問葉允橙要不要來看他拍戲，然而今天的場景實在不適合怕黑的他。

「我聽說了哦，今天那傢伙教妳彈琴了吧。不是說不給他教的嗎？」一到拍攝現場，方安洛便看見夏予青調侃著漲紅了臉的黃樂雅。

「才沒有，我只是聽聽看他彈得如何而已！」

「所以他彈得如何？」

「還、還算可以吧，滿好聽的。」

「他彈了什麼？」方安洛很自然地加入話題，「能讓我們的女主角有這般評價，想必不簡單。」

「他彈了……」黃樂雅的臉色似乎更紅了，她搖了搖頭，「沒什麼啦，就幾首流行樂。」

「流行樂？」夏予青忍不住笑出聲，語帶嘲諷，「他知道《對鬼彈琴》裡的鋼琴曲全都是古典樂吧，彈流行樂幹麼？」

方安洛差點掛不住笑容，黃樂雅的反應讓他介意到不行，橙橙明明是他先看上的。

他急切地想找葉允橙，可當他拍完驚悚的片段後，時間已經過去一個小時了。他知道自己讓葉允橙等得有點久，便加緊腳步前往琴房，可在接近琴房時，又不知不覺停下了腳步。

他聽到琴房內傳來一陣既熟悉又陌生的旋律，光是駐足聆聽，便讓他墜入了記憶的深海裡，一股悲傷又懷念的情緒油然而生——這是他的出道歌曲〈流螢〉。

方安洛已經很久很久沒有唱這首歌了，經過如此漫長的時間，他早已將整首歌忘得差不多，連歌詞都記不起來。然而，那富有感情的鋼琴旋律讓〈流螢〉重新回到他的記憶中。

方安洛隔著一道門，靜靜傾聽這首歌，他深怕敲門會打斷葉允橙的彈奏。畢竟〈流螢〉發行太久，早就淹沒在茫茫歌海中了，就連串流音樂平台上也找不到它，方安洛以為這輩子再也沒有機會在其他地方聽到。

直到葉允橙彈完整首歌，他才輕輕敲門。

房門打開後，葉允橙發現來者是方安洛，愣了一瞬，露出有些尷尬的表情。

「呃，你剛剛有聽到什麼嗎？」葉允橙不敢對上他的目光，只好看向別處。

「我聽見你彈〈流螢〉了。」

葉允橙正想找個理由搪塞過去，在那之前方安洛便率先開口：「你能再彈一次嗎？」

他的語氣是如此眷戀與渴望，讓葉允橙無法拒絕。

葉允橙點點頭，重新回到琴椅上，方安洛則坐在他旁邊，靜謐的室內重新揚起那段憂傷而美好的旋律。

這首歌對葉允橙而言也有特別意義，當年他就是聽見這首歌，才喜歡上方安洛，還喜歡了整整十年，涵蓋了他整個青春。不論歷經何種酸甜苦辣，他的身邊都有這首歌陪伴，沒有人比他更熟怎麼彈奏〈流螢〉了。

葉允橙無法跟方安洛坦白自己有多喜歡他，然而他的琴聲可以，從他指尖流瀉出的每一個音符都在訴說著他深刻的感情。

這種彷彿在偷偷告白的行為讓葉允橙感到忐忑不安，卻又十分幸福，在彈奏第二段副歌時，他甚至聽見了熟悉的歌聲。

葉允橙驚喜地瞄向方安洛，同時悄悄去掉右手主旋律，改成純伴奏。

方安洛的聲音不大，但在安靜的琴房內特別清晰。

葉允橙做為唯一的聽眾，簡直幸福到快升天了，他很慶幸自己學過鋼琴，儘管學習過程很辛苦，但至少他可以為自己的偶像伴奏。

敲下了最後一個音符，葉允橙依然沉浸在這般美好的情境中。

「你怎麼知道這首歌的？〈流螢〉可是十年前的老歌了。」

葉允橙本想說這是黃樂雅介紹給他聽的，然而看到方安洛的表情，他又把話吞回去。

「很久以前聽過。」他吞了口口水，緊張兮兮地坦承了，「我很喜歡，尤其是副歌的部分，『黑夜裡唯獨你閃爍著點點螢光』這句歌詞簡直唱到我的心坎裡，你把螢火蟲只能以短暫的壽命在人間發光發熱的心情詮釋得很好，我第一次聽到都快哭──呃，我、我是說很感動，總之不知不覺就會彈了。樂雅也很喜歡這首歌，她希望我編這首歌的鋼琴譜給她。」

「是嗎？」方安洛有些感慨，而後溫柔地誇讚：「彈得很好。」

葉允橙頓時笑得像個得到玩具的小孩，眼中滿是對偶像的傾慕。

「其實這首歌我早就忘得差不多了，要不是聽到你彈，我可能一輩子也想不起它的歌詞……怎麼又露出這副難過的表情？」

說到最後，方安洛忍不住笑了。

葉允橙急切地說：「你喜歡的話，多少次我都彈給你聽，忘了就來找我，我可以讓你重新想起這首歌，也可以彈其他的歌，不管多少都彈給你……呃……」

他講到一半才發覺自己說太多了，頓時僵在原地。

方安洛眉頭一挑，「這番話不會收回吧？」

「不會的，說出去就不能收回了……」葉允橙想到自己前些日子收回訊息的舉動，尷尬地避開偶像的視線，整個耳根都是紅的。

「不過在學校琴房不太方便，畢竟我在還是得專心練習電影指定的鋼琴曲。」

葉允橙思考著能彈鋼琴的場地，藍星音樂有電子琴，但方安洛是其他經紀公司的藝人不好過去蹭琴，唯一能彈琴的地方似乎就只剩自己家了。

「唉，其實我覺得光在這練習肯定不夠，予青跟樂雅回到家都有鋼琴可彈，可是我家沒有，只能趁拍戲的時候抓緊空檔練習。」方安洛故意忽略他可以到處借琴房的事實，故作悲哀地嘆了口氣。

「我家有電子琴……不過電子琴彈起來的手感跟鋼琴差很多……」葉允橙喃喃道。

「電子琴就很夠了。」方安洛飛快接話，「你何時方便？」

「嗯？」葉允橙愣了愣，「前輩的意思是來、來我家練琴嗎？我家？」

「不願意嗎？」方安洛擺出一副很淒涼的樣子，「沒關係，這裡也可以練。至於你說要彈我的歌，我看等電影拍攝結束再說吧。」

「不是的，我不是不願意，不過這樣真的好嗎？」

葉允橙惶恐不安，他只是個小粉絲，一心只想得到偶像的簽名，結果現在連本人都帶回家了是怎樣？

「我住的地方很小，電子琴也很老舊……」

「沒關係，我不介意。」方安洛目光柔和地凝視著他，「我以前學琴時，彈的就是電子琴。過去我父母在餐廳營業前，都會拉著我的手在店裡教我怎麼彈琴。」

葉允橙沒想到方安洛會這麼直接地聊起自己的事，他知道方安洛以前曾在餐廳擔任過駐唱歌手，沒想到他父母也在餐廳工作。

葉允橙倍感驚喜，卻又有些不安，以前覺得遙不可及的人，現在居然與自己越來越親近了。

「你不該告訴我這麼多事情，畢竟連你的粉絲都不知道。這種只有親近朋友才知道的事情，如果被我拿去爆料了怎麼辦？搶了本該由你唱的主題曲，照理來說我是你的競爭對手……」葉允橙努力說服方安洛，同時也想說服自己，「你應該提防我。」

「我不是說別提了嗎？而且我已經不介意了。」

「怎麼可能不介意？」

方安洛不慌不忙地反問回去：「你是因爲有我在，才接這工作的對吧？不然我實在想不透，爲何怕黑的你要來唱鬼片的主題曲，而且你那麼討厭節拍器還要接鋼琴指導，完全沒道理。

「都犧牲到這種地步，還被我討厭也太可憐了，我也不想爲了這種小事心懷芥蒂。希望幾年後當我回想起拍片的時光，第一個想起的不是主題曲被搶，而是我們在琴房彈琴唱歌。」

看著方安洛盈滿笑意的雙眼，葉允橙乾笑了幾聲，低頭拉了拉漁夫帽，「哈哈……你想太多了，這麼高曝光率的案子誰不想接？我做爲一個還處於成長期的歌手，接這個工作很合理……哪個歌手不想唱電影主題曲，對吧？」

「如果你肯看著我的眼睛再說一次，或許我就信了。」

葉允橙鼓起勇氣看向方安洛，結果意外發現兩人之間已經近到肩膀靠在一起，只要稍微伸長脖子就能親吻彼此。

他下意識拉開距離，卻被方安洛一把攬住肩膀。

「再、說、一、次。」方安洛加重語氣，目光執著得簡直快把他燒穿一個洞。

「哪個歌手……不想接？」葉允橙幾乎是用盡全力吐出這番話，「誰會跟錢過不去！」

「所以你的意思是我自戀了？」

「是、是的……」葉允橙氣若游絲，他雙手拉下帽子，遮住紅透的臉，「我們……可以開始練琴了嗎？你不是說過得抓緊時間練習嗎？」

「可以。」方安洛完全不相信葉允橙說的理由，不過他很滿意對方的反應，總算願意放過葉允橙。

他鬆開葉允橙的肩膀，輕輕拿走那頂遮臉的帽子，放到葉允橙不方便拿的地方，「我們開始吧？」

葉允橙瞪著心愛的漁夫帽，躊躇一會，最後依舊沒勇氣開口要回來。

他沒想到喜歡了十年的偶像居然是這種人，一直調侃他就算了，連練琴時手還常常有意無意地碰觸他……

練琴結束後，葉允橙像是被燙到似的從椅子上彈起來，表示要回家了，他覺得自己無法再忍受方安洛的注視了。

而且他懷疑方安洛其實不需要別人的幫忙，才教了一次轉指，方安洛的轉指就用得像呼吸般自然。他的偶像老是嚷嚷著這個不會、那個不會，結果正式彈的時候明明都彈得很好。

雖然方安洛彈奏時還是有點小毛病，例如拍子會忽快忽慢，也會忽略譜上的某些記號，可葉允橙可以肯定，他的程度比黃樂雅要好。

「來，你的帽子。」方安洛重新將帽子戴回葉允橙頭上，而後堵在琴房門口，「記得跟我約時間。」

瞧見葉允橙還想閃躲的樣子，方安洛朝他踏近一步：「你如果額外抽空教我，我也不會虧待你……我畢竟在這行混了十年，該有的人脈還是有的。」

葉允橙吞了口口水，對一個出道不過兩年的歌手來說，經驗跟人脈都是相對缺少的資源，這可是用錢也買不到的東西。

然而比起這個，葉允橙更想問方安洛能不能幫他簽名……只是他先前都拐著彎讓黃樂雅跟許晉元幫忙要簽名，還對方安洛說彼此是競爭對手，事到如今還要簽名似乎有點太尷尬。

「不需要，你只要帥氣地在我旁邊練琴就好，除此之外我別無所求。」葉允橙無奈地回應，畢竟能爲方安洛彈琴對他來說已經是天大的福利了，「回去再約時間吧，我要先回家了。」

方安洛含笑移開了腳步，那彷彿看穿一切的眼神看得葉允橙如坐針氈，飛也似的離開琴房。

第五章 Back to 13

直到隔天早上，葉允橙窩在藍星音樂裡，寫著要收錄在個人專輯的歌時，依舊沉浸在難以置信的情緒裡，忍不住抱頭低吟，「怎麼會這樣……他是怎麼發現的……」

「我早說了藏不住。」碰巧路過的溫家麟捧著剛泡好的咖啡，涼涼地丟下一句，「你們粉絲面對偶像時哪可能保持冷靜。」

「我不是很懂，這樣不好嗎？」坐在葉允橙身旁的刺青男子從編曲軟體上移開目光，好奇地問了一句，「既然方安洛已經知道你是爲了他而來，不就可以光明正大要簽名了？」

「怎麼可以！」葉允橙瞳孔地震，激動駁斥編曲師，「你知道我都做了什麼嗎？我收買晉元跟《對鬼彈琴》的一位女演員，請他們幫我要簽名。若我家偶像得知眞相，一定會覺得我有病，明明是他的粉絲還做這種事。」

原來你也知道自己有病……溫家麟關門前在內心默默吐槽一句。

見編曲師笑到停不下來，葉允橙神色凝重地問：「如果有個不認識的帥哥說喜歡你，你會接受嗎？」

「看他是零還是一了，我比較想要來個一，不過只要長得帥一切好談。」編曲師面上掛著笑容，坦率地回答。

「假設帥哥跟你說，他關注你十年了，不但手機裡有一堆你的照片、你的每一則動態他也都有看、你常買哪家甜點他都知道。你的生日、血型、年齡、星座、畢業學校他都瞭若指掌，十年來天天都要聽你的聲音才睡得著，他甚至是因爲你才成爲編曲師，要是失去你他會死掉……這樣你還會接受嗎？」

編曲師開始覺得有點負擔了，「這個嘛，我個人是會有點猶豫，畢竟……有點恐怖。但方安洛出道多年，他應該早就習慣粉絲們的狂熱了。」

葉允橙搖搖頭，「我寧願跟他保持距離，假裝自己對他一點興趣也沒有，只要能透過螢幕看著他閃閃發光的樣子，我就心滿意足了。」

就在此時，公司門口傳來一陣高亢的嗓音。

「所以說到底是怎麼回事呀！你知道這個月我已經踏進你們公司三次了嗎？每次都是因爲你。」

「這次眞的不是我。」

「行了，不用跟我說細節，家麟哥在等你了，等等一起講。」

葉允橙好奇地走出錄音室，只見許晉元和一名穿著白襯衫配窄裙的女子站在一起，女子看起來很煩惱，晉元則悶悶不樂地板著一張臉。

「消防員來了。」編曲師吹了聲口哨，假裝什麼都沒看到，轉頭繼續忙自己手邊的工作。

葉允橙苦笑了下，笑容溫和地打起圓場，「王姊，妳怎麼來了？」

王姊是藍星音樂聘請的公關，全名為王瞳。每當有公關危機出現時，溫家麟就會請她來處理。

「有個娛樂週刊的記者控訴晉元私底下耍大牌，你們家麟哥委託我處理。」王瞳沒好氣地說。

「我沒有。」許晉元不滿地抗議。

「王姊，妳也知道晉元就是撲克臉，私底下也不健談。」葉允橙哭笑不得，類似的事其實從高中時代就發生過了，當年許晉元剛加入熱音社，也是一度被社團的學長姊們指控他態度很囂張。

葉允橙知道許晉元不是那種人，他只是臉冷了點、說話很直，也懶得為自己辯解。

「這次跟以往不一樣，那個記者有錄音檔，我聽過內容了……不好處理。」王瞳搖了搖頭，嚴肅地對葉允橙說道：「你要是關心他，就一起過來吧，這次如果沒處理好，晉元很可能會就此黑掉。」

葉允橙心頭一驚，瞄了許晉元一眼，拍了拍他的肩，一同走進溫家麟的辦公室。

「看完了吧？早上我傳給你的那篇新聞。」溫家麟坐在辦公桌前，吐了口長氣，凝重地要許晉元在沙發上坐下。

「什麼新聞？」葉允橙趕緊要王姊把新聞網址傳給他，他點開手機看了一會，眉頭越皺越深。

這篇新聞大致上在說，許晉元在上節目通告時，對藝人前輩大呼小叫，對方好心提醒他錄節目的注意事項，結果他不但表情嫌惡，還叫對方滾開。

「這是記者的錄音檔。」王瞳開錄音檔影片，這影片還被記者貼心地上了字幕。

「跟我說這個做什麼？再說這關你屁事。不要煩我，滾開！」

聽見這個完全不符合許晉元人設的冷酷嗓音，辦公室內頓時鴉雀無聲。

「王八蛋。」許晉元握緊拳頭，神色陰狠地罵了一句。

「怎麼回事，晉元？」溫家麟的語氣十分嚴肅，「那天通告我也有跟著你去，你怎麼沒跟我說這件事？」

「這種事不需要特別提出來說。」許晉元不高興地回嘴。

「晉元！」葉允橙抓著許晉元的手，搶在溫家麟動怒前說道：「我知道你有你的考量，但既然事情都發生了，現在只能先思考該怎麼處理。你先說吧，家麟哥跟王姊會看著辦的。」

許晉元神色複雜地看了葉允橙一眼，而後又看了王瞳與溫家麟，沉默一會，不甘不願地開口：「沒什麼，某個新銳娛樂的藝人很喜歡私下問我學長的事，拒絕好幾次了，他還一直問。」

「他問什麼？」葉允橙愣了愣，沒想到事情跟自己有關。

「他問我有沒有跟你交往，我說沒有，他就一直要我把你介紹給他。我不喜歡他，所以都裝作沒聽見，結果那天，他跟我說……」許晉元說不下去了，湊到葉允橙的耳邊，以只有兩人聽得見的音量說了幾句。

聞言，葉允橙略感錯愕，但還是點了點頭，「沒關係，你說。」

「那個人告訴我，他聽說學長高中時曾跟男生交往，這件事後來驚動雙方家長，搞得另一邊差點被退學。這樣看來我不肯介紹給他只有兩個原因，一是學長生於保守家庭不好跟同性談戀愛，二是我上過學長，所以不肯介紹給他。」許晉元越講越惱火，手掌握緊成拳，指節都有些泛白了，「我沒揍他就不錯了。」

這番話讓另外兩個人聽得目瞪口呆，不曉得是該爲這個爆料而驚訝，還是爲對方的無禮吃驚。

「挑釁別人居然還不忘帶錄音筆。」饒是見識多廣的王瞳也忍不住頻頻搖頭，「只能說對方有夠無恥，看來他早就計畫好，如果被拒絕便直接把剪輯過的錄音檔丟給記者。」

「我們不能將他問的內容公開，否則事情會燒到允橙身上。」溫家麟倍感頭痛，他做爲葉允橙的經紀人自然也聽過這些傳聞，但若當事人不想說，溫家麟也不會過問。

尤其是性向，當事人想公開就公開，不想公開的話旁人也該予以尊重。

「那我擬一份公關稿，先代表晉元向那個藝人致歉，表示晉元在言詞上確實有不妥之處，但因該藝人過度打探藍星音樂藝人的隱私，所以晉元才會有這種反應。」王瞳打開筆電，大致講了個方向，便噠噠噠地擬起稿。

「可以直接挑明說對方在打聽我沒關係，粉絲看到就會明白，他們都知道我不喜歡提及過去。」葉允橙態度坦然，「不過你們怎麼都不問我是不是眞的喜歡同性，不用確認一下八卦的眞實性嗎？」

「不用確認，我早就猜到了。」溫家麟淡定地表示，「因爲你有那種氣質。」

「嗯，我其實也早就擬好一份公關稿。」王瞳跟著補充，「哪天你跟晉元不小心被拍到什麼關鍵性的畫面，我這邊有一份足以讓所有人都滿意的公關稿，也會請媒體與粉絲給你們一點空間。」

「當年跟學長交往的人不是我。」許晉元認爲自己有必要澄清。

王瞳頓了一下，腦海不適時宜地浮現某些畫面和文字。

當初接下藍星音樂的外包公關工作時，她認爲既然自己日後負責滅火，就要對火災現場有所了解，便上網搜尋葉允橙和許晉元的資料，結果不小心看到一些不該看的……

同樣一段傳聞，在某些粉絲心中已經譜出一段虐戀情深、破鏡重圓的大戲，她看過一部同人文，內容敘述葉允橙高中時代曾與許晉元交往，後來因父母反對而被拆散。葉允橙飛往國外留學，許晉元則待在國內苦苦等著對方。

直到葉允橙學成歸國，兩人才重新復合，但爲了守護這份戀情，他們無法公開，只是愛意藏不住，便索性假裝螢幕情侶。

那部同人文還開了好幾次車，第一次便是在兩人高中時代……但現在許晉元居然說，葉允橙交往的對象不是他？

「王瞳，妳遇到什麼問題了嗎？」溫家麟疑惑的聲音喚回她恍惚的神智。

「不，沒什麼問題，再給我幾分鐘擬稿。」王瞳趕緊斂了斂神色，強迫自己專心在工作上。

「也許你們最近該減少一點互動，少部分粉絲相信你們已經在一起了。」公關稿即將完成時，王瞳忍不住出聲，「網路上有個關於你們直播互動的討論文，粉絲們在直播中親眼看到晉元你不過打了個問號，允橙就臉紅了。他們認爲這就是偷偷在一起的證據。」

最好這樣也能是證據。葉允橙一臉無語，忍不住在內心吐槽。

「怎麼回事？」這立刻引來溫家麟的注意，他暗忖著或許這兩人在一起的公關稿可以蓋過這次的公關危機。

「這個……」葉允橙略顯尷尬地低下頭，不曉得該怎麼解釋，如果坦承他在琴房內被方安洛緊緊抱住，可能會引來額外的關心。

「那天是學長第一次去《對鬼彈琴》擔任鋼琴指導，我只是問他結果如何。」許晉元機靈地回答道：「能教偶像彈鋼琴，他興奮都來不及。」

「原來是這樣。」溫家麟努力讓自己的聲音聽起來沒有失望，「你們下次收斂點，偶爾有些放閃互動就好，不要閃過頭，不然改天你們各自有對象了，粉絲會很難接受。」

我也會很難接受……王瞳在心裡默默呢喃。

「我已經將擬好的公關稿傳過去了，再麻煩您過目一下。」

溫家麟看過之後，把稿子傳給葉允橙和許晉元。

「等等我會在公司的社群網站上發布聲明稿，你們兩個負責轉發。」語畢，他拿起電話，示意一行人可以離開了，「我還得聯繫一下新銳娛樂的老朋友，沒想到他們居然放任旗下藝人胡亂剪輯錄音檔給記者。我們藍星音樂可不是吃素的，既然有搶案子的能耐，自然也不會放任他們隨意欺凌。」

葉允橙點點頭，拉著許晉元從沙發上起身，他知道這事溫家麟會幫他們處理好，他們只要照著經紀人的話做就好。

今天一早，許晉元的粉絲看到白家偶像耍大牌的新聞、聽到與螢幕上溫柔開朗形象截然不符的冷酷嗓音，把他們都嚇壞了。有些粉絲認為其中一定有原因，於是在貼文底下留言聲援偶像，結果被廣大網友罵得體無完膚。

所幸幾小時後，藍星音樂發布聲明稿了。聲明稿不但明確講出前因後果，還控訴對方刻意提出侵犯隱私的問題，以及剪輯錄音檔汙衊許晉元。

於是當天下午，娛樂新聞的討論度瘋狂上漲，網友們皆抱著看好戲的心態，元橙CP的粉絲們則各個像是開派對一般，瘋狂在群組及個人版面轉發相關消息。

聲明稿上雖然沒有寫出是哪位藝人，但有明確描述事發的時間地點和攝影棚。好奇心旺盛的網友們紛紛當起鍵盤柯南，開始追查當事人是誰，也想知道那人到底問了什麼。

元橙CP的粉絲們則一邊跟著網友撻伐爆料藝人，一邊在同好社群裡瘋狂誇讚許晉元的「護妻行爲」。早上那段令他們心寒的錄音檔，如今已經成爲學弟霸氣護妻的鐵證。

粉絲們嗑糧嗑到發瘋，在藍星音樂的聲明稿留言區舉起元橙CP的大旗。

「謝謝藍星音樂！」

「興奮到快瘋掉，我就說晉元不是這種人！」

「你永遠可以相信溫爸爸！」

「誰還敢說我們晉元耍大牌，人家只是保護老婆的隱私錯了嗎？」

「我快不行了，那個冷酷的聲音嗚嗚嗚，我們晉元在學長面前是小奶狗，在外人面前就是大狼犬！」

「這個反差我可以！」

「晉元眞的好在乎學長嗚嗚嗚，我快被甜死了。」

「到底是哪個藝人啊？還敢剪輯錄音檔投稿給記者，要不要臉？」

娛樂圈的八卦、小道消息總是流通得十分快速，當日下午方安洛爲了談某個品牌的代言合約，難得回新銳娛樂總部一趟，一路走來時不時就看到工作人員在角落交頭接耳。

「怎麼回事？」他皺了皺眉，敏銳地感覺到氣氛不對勁。

跟在他身旁的經紀人陳玥嘆了口氣，「沒事，只是跟藍星音樂起了點衝突。」

聞言，方安洛猛然停下腳步。

「這次跟我們無關。」陳玥以爲他在擔心《對鬼彈琴》的主題曲糾紛，回頭對他解釋：「老林那邊有個藝人惹事了，他在上節目通告時向藍星音樂的許晉元打聽葉允橙的事，問得太超過惹毛了對方。唉，光是這樣還好處理，問題就是他甚至錄音投給八卦週刊的記者。眞是瘋了，咬狗前也不看看狗的主人是誰。總之這事搞得溫家麟十分惱火，不但發聲明稿控訴，還表示不排除採取法律途徑……」

「那個藝人打聽了什麼事？」

「嗯？」陳玥愣了愣，她不太明白方安洛爲何關注這點，不過公司內部群組已經將事情整理得七七八八，所以她也爽快給予答案：「據說是問葉允橙高中時是否交過男友，還問許晉元是不是上過……就是一些比較私人的感情問題，這樣確實有點過分了。」

方安洛臉上露出有些微妙的表情。

陳玥見狀，笑著說道：「差點忘了，你跟葉允橙偶爾會見面，聽到這件事應該挺訝異的吧？現在想想，元橙ＣＰ假戲眞做的機率挺高的。」

陳玥有些好奇葉允橙私下爲人如何，葉允橙的粉絲愛他愛得死心踏地，都認爲他是個具有神祕感又溫柔眞誠的男人。可人多多少少都戴著面具，就像許晉元一樣，陳玥早就聽說他私下是個淡漠的人，螢幕上的他是裝的，那個錄音檔才是他原本的個性。

「葉允橙私下好相處嗎？你們之間……還ＯＫ吧？」

方安洛想說他們好到不能再好，但他知道陳玥的顧慮，畢竟在外界來看，他們之間有商業利益的糾葛，沒理由交情好。

猶豫再三，他簡短回答：「他很可愛。」

方安洛喜歡葉允橙彈琴的模樣、他充滿感情的演奏，也喜歡他既害羞又小心翼翼的態度和那滿是依戀的眼眸。

他對葉允橙的歌聲心服口服，羨慕葉允橙的才華，同時他也知道在那光鮮亮麗的背後，躲著一個懼怕黑暗的靈魂，而他想保護那個怕黑的孩子。

「那個藝人叫什麼名字？」

「這個嘛，我並不清楚。老林爲了保護自己帶的藝人，把事情壓下來了。」

方安洛點點頭，不再說話。

陳玥媜時明白方安洛應該頗喜歡葉允橙，這讓她鬆了一口氣，看樣子他已經不計較主題曲的事了。

然而，她不知道的是，自家藝人此刻計較的不是主題曲，而是元橙CP的緋聞。

在抵達會議室後，方安洛利用等待的空檔看了下網路新聞，這則糾紛鋪天蓋地占據了熱門話題的版面，還多了好幾則衍生討論。

方安洛眉頭一皺，手賤地點開一個他根本不感興趣的討論文。

〈元橙CP是不是真的在交往？〉

看了今天的新聞我真的忍不住了，元橙CP的糧也太好嗑了吧！那個藝人到底問了什麼啊？晉元真的好凶，從沒聽過他這麼生氣的聲音，這個反差太香了。

藍星音樂的兩個帥哥出道以來都沒緋聞，整天只跟彼此放閃，你們不覺得有掛嗎？雖然大家都知道他們是營業CP，但葉偶爾開深夜直播也能看到許在場，許的IG也常常看到葉的身影。說是螢幕情侶但也太黏膩了吧！人設有必要做這麼滿嗎？

現在大家知道學弟私底下也護妻護成這樣，我突然懷疑我們嗑到真的了。

八卦的網友們不論是不是元橙CP的粉絲，留言風向都非常一致。

「這不結婚很難收場。」

「我禮金都準備好了，就等他們發喜帖了。」

「我要哭了拜託他們眞的在交往！」

「所以證據呢？」

「什麼證據？那個錄音檔不就是鐵證嗎！」

「就沒人懷疑藍星音樂在說謊嗎？說不定葉允橙只是擋箭牌，因爲他們知道這樣說能轉移焦點。」

「沒聽過完整錄音檔沒資格說人家造假好嗎？不管怎樣那個藝人肯定問了冒犯人家的事，你也聽到晉元有說『這關你屁事』。」

「我眞的無法想像元橙跟別人交往耶，他們之所以不公開，只是爲了給粉絲遐想吧？要是粉絲知道他們嗑的CP是眞的，反而不會這麼熱情地催促他們在一起。」

方安洛沉默地閱讀這些留言，越看越不是滋味。

這些人到底在說什麼？葉允橙暗戀的人明明是他，而且許晉元一看就是個異性戀，這兩人根本不來電，只是很好的朋友而已。

爲朋友生氣很正常，更何況他們是認識多年的好友，區區一個錄音檔怎麼就變成兩人的愛情鐵證了？

方安洛越想越生氣，正好他也有這個社群網站的小帳，於是立即披上馬甲在討論文留下自己的看法。

「只有我覺得元橙CP不萌嗎？比起許晉元，我覺得方安洛跟葉允橙更配，他們倆外型跟氣質都很搭。」

方安洛的驚人發言瞬間成爲網友們的焦點，網友紛紛吐槽他。

「沒錯，只有你，你是智慧的結晶，你是文明的瑰寶，你是人類的獨苗，你是上帝的遺珠，你是電你是光你是唯一的神話。」

「葉允橙跟方安洛，這兩人有什麼關係？」

「笑死，不要硬配好不好？這什麼邪教CP。」

「方總裁搶女主角不夠還要搶人家的男友？叫他吃屎好不好哈哈哈，這麼喜歡當小三？」

「滾回你的北極圈去啦，沒人想吃你的拉郎CP。」

「眞的有夠拉郎邪教，完全不相十的兩人硬湊在一起。」

「這裡是元橙黨的天下，滾回你的同溫層取暖啦，什麼？你說同溫層只有你一人？」

「本日最好笑留言耶。」

方安洛震驚了，他以爲自己出道這麼多年，歷經過許多槍林彈雨，現在他的心已經堪比防彈玻璃，不論網友們把他罵得多難聽都能面不改色，可他錯了。他的玻璃心因爲這些網友碎了滿地，還被人堆在地上踩。

這群混帳！他恨不得開本帳怒嗆回去，橙橙不但喜歡他，還爲他主演的電影寫歌，光是怕黑還來接鬼片案子這點就足以成爲他們戀情的鐵證了！

更令方安洛生氣的是，他居然看不懂某些網友罵他的用語，什麼「北極圈」、「拉郎」還有「同溫層」，欺負他網路用得少嗎？

方安洛氣憤難當地上網搜尋這些網路用語，他可不想被罵得不明不白。

「北極圈」指的是這對CP的粉絲人數少到彷彿身處寒冷的北極圈。好吧，這他承認。

「拉郎」則是指兩個不同作品毫無交集的角色被硬湊在一起。這他不承認，他和橙橙明明就關係匪淺，哪裡毫無交集了！

「同溫層」的意思是一群相同理念的人聚在一起討拍取暖。然而他身處北極圈，連個可以取暖的同好都沒有……

就在此時，代言品牌的負責人到場了，方安洛收起手機，壓下怒意擠出笑容。

沒關係，那些網友儘管說，他一步一步慢慢來，就算身處北極圈又如何？橙橙喜歡的人是他，最後一定是北極圈的勝利，到時候那些元橙CP粉再不甘願也得承認橙橙是他的！

♪

・

幾天後，時間來到週末。

盛夏的正午豔陽高照，但有些人不畏陽光毒辣，在一家情侶餐廳前苦苦等著服務生叫號。

這家餐廳每天都客滿，現場排隊需要等一個小時以上，預約訂位更是得提前一個禮拜才有位子。在大多數人眼裡，這間餐廳是本市熱門的情侶餐廳之一，可對少部分人而言，這裡是必訪的偶像聖地。

這間餐廳是葉允橙爆紅出道的起始點，也是每個葉允橙粉絲的必訪之地，不論何時走進餐廳都能找到一桌粉絲。久而久之，此地便成爲粉絲們固定舉辦聚會的場所。

星期六中午，幾名資深粉絲抵達這間餐廳。他們聚集在餐廳裡的氣派大長桌前，每個人氣質和打扮都不同，有的是青澀的學生，有的則帶著職場女強人的幹練氣質，也有人來不及換下公司制服就來這裡。

所有人坐定後，坐在長桌主人位的女子站起身，笑容滿面地攤開雙手。

「橙橙後援會的菁英幹部們，很高興又見到你們。」她綁著馬尾，口條清晰且聲音宏亮，台風相當穩健，「又到了每個月例行的同好交流會了，這次也請大家不用顧忌，盡情分享對橙橙的愛吧，相信這週大家也有很多心得想分享。」

語畢，她看向坐在長桌對面的女子，語帶恭敬地吹捧，「在此之前，先感謝我們的資深大佬可可珍珠，感謝妳前陣子發布的校園演唱側拍照，那絕妙的角度與畫面讓人回味無窮啊。」

一瞬間，所有同好的目光都朝可可珍珠聚集過來。

可可珍珠的嘴角勾起一抹自信的弧度，她留著一頭挑染長髮，畫著煙燻妝，目光炯炯有神。她一身中性打扮配上與葉允橙同款漁夫帽，帥氣的樣貌不論男女都會為之著迷。

「芝麻珍珠會長眞是太客氣了，我不過隨意拍了幾張照片而已。」

「才不只幾張好嗎？再說了，那些照片眞的超讚！晉元的手居然放到橙橙的肩上，我的天啊，他們甚至差點親下去！」一名高中生粉絲激動不已地跟著吹捧，「雖然我在網路上已經說過了，但我還是要再說一次，謝謝大大發糧！」

「謝謝仙人掌珍珠，妳的圖也很香，那張橙橙跟晉元在演唱會親下去的圖眞是太棒了，這可是三次元拍不到的畫面。」

「沒什麼，同人就是為了這一刻而存在的。」仙人掌珍珠摀著胸口，陶醉地說：「還好升級了繪圖板，畫出來的效果連我自己也嚇到。」

「仙人掌珍珠，妳何時要畫我跟橙橙老公的結婚賀圖？」坐在仙人掌珍珠隔壁的女大生抱住繪圈大佬的手臂，嚶嚶地哭訴：「我都說了不會公開，只會拿來自己欣賞，為什麼不畫給我？不是說多少錢我都付嗎？」

「莓果珍珠，妳請其他人畫吧，我只吃元橙CP，絕不會畫橙橙跟其他人在一起的樣子。」

「太過分了，妳把我老公畫得這麼好看，卻不肯接我的委託！」

眼見她們的聲音越發激動，芝麻珍珠開口打斷兩人：「好了，妳們安靜點，這裡可是公眾場所，我們這些粉絲要表現出素質與涵養，才不會讓橙橙丟臉。」

這番話很有效，後援會的幹部們瞬間就安靜下來，可也就是因爲這陣沉默，他們聽到從長桌一角傳來斷斷續續的啜泣聲。

哭泣的是一名樣貌清麗的白洋裝少女，少女肩膀微微顫抖，雙手摀著臉。

她這副模樣讓現場氣氛一度凝結，在所有人面面相覷不知該如何開口時，芝麻珍珠會長率先發話。

「檸檬珍珠，發生什麼事了？」她用和緩的語氣試圖敞開少女的心扉。

「嗚嗚……抱歉，我想到前幾天看了一篇貼文，一時傷心忍不住哭出來。」檸檬珍珠擦著眼淚，聲音也可憐兮兮的，「有、有網友說，橙橙其實早就跟晉元在一起了，只是沒跟我們說而已。他說橙橙高中時就已經跟晉元交往……這是騙人的吧？怎麼可能？」

在場的元橙黨同好全數選擇沉默，畢竟這對他們而言可算是普天同慶的喜事……

「我懂妳的心情，檸檬珍珠。」同樣是老婆粉的莓果珍珠主動出聲安慰，「那個網友說這麼多，還不是沒拿出他們倆在一起的證據，所以我們還是有希望的。」

「但願如此，如果橙橙眞的跟晉元在一起，我……嗚嗚，我不要啦，橙橙不能跟任何人交往……只要他還單身，我還能抱持希望，可如果他不是單身，我……」檸檬珍珠再也說不下去，只能以哭聲來表達她的難過。

這番話讓現場的元橙黨心裡不是滋味，他們巴不得葉允橙趕快出櫃，邀請大家來吃他和許晉元學弟的喜酒，偏偏這不是元橙粉聚會，這個後援會只要是喜歡葉允橙的人都能進來。維持後援會運轉的人也不會只有元橙粉，尊重、包容、友善是後援會會長常常掛在嘴邊的口號。

此時，可可珍珠挖了挖耳朵，沒好氣地開口：「不是單身就不值得愛了嗎？不管跟誰交往，橙橙都是我們愛的那個橙橙不是嗎？」

「就是啊！」

「不管怎樣橙橙就是橙橙！」

芝麻珍珠對可可珍珠投以讚賞的目光，順著大家的附和轉了個話題：「沒錯，只要橙橙沒有公開，所有人都有希望，而且啊，我看到有個貼文裡還有網友說橙橙跟方總裁比較配，你們有看過嗎？」

此話一出，後援會成員們非常不包容、不友善地笑出聲，氣氛瞬間歡樂起來。

「我有看到！眞的快笑死我，那個拉郎CP到底是什麼鬼？」

「他們到底有什麼關係啊？這兩人八竿子打不著，到底配在哪？」

「就是說，橙橙跟晉元不僅是情比金堅的學長學弟，他們高中還在同社團，默契也是一百分。相較之下方總裁……我要笑死了，那個網友的腦迴路也太清奇了吧，這對CP的萌點在哪裡？」

「啊，我知道了！」就在此時，一名坐在不起眼角落的眼鏡少女站起身，興致高昂地發表看法：「一定是因為那個嗑洛橙CP的網友想看橙橙被總裁追求！」

「什麼啦？」

此話一出，大伙哄堂大笑，連傷心的檸檬珍珠也忍不住破涕為笑。

「我覺得橙橙被方總裁追求滿有感覺的啊。」少女笑嘻嘻地跟大家分享自己的想法：「例如某天橙橙被帶到了總裁辦公室，事情就這樣發生了——」

「呵，男人，你成功引起我的注意。」方總裁翹著腿坐在沙發上，對坐在對面的葉允橙露出一絲冷笑，「你可是第一個敢偷喝我飲料的男人。」

「對、對不起，我不是故意的！」葉允橙嚇得瑟瑟發抖，「只是那杯珍奶看起來眞的太好喝了，所以我忍不住偷喝一口……對不起！」

方總裁抽了一口雪茄，緩緩吐出菸圈，聲音輕柔地說道：「說對不起就沒事了嗎？你知道那杯珍奶值多少錢嗎？」

「五、五十塊？」

「不，是七十元！」方總裁怒喝一聲，捻熄菸蒂站起身，走到葉允橙身旁，抬起他的下巴，「七十元你付得起嗎？」

「我……」葉允橙面有難色，猶豫一會，難爲情地坦承：「我只有大鈔。」

「拿不出零錢是吧？」方總裁無情地笑了，「拿不出來，就用你的身體還如何？」

葉允橙難以置信地瞪著他，別開眼，痛苦地回應：「不行，學弟還在家裡等我……我不可以背叛他……」

「跟我獨處時你還敢想別的男人？」

「大致上就是這樣，你們不覺得很讚嗎？」講到最後，少女雙眸放光，整個人相當興奮，也毫不意外被大家吐槽了。

「哪裡讚啦哈哈哈。」

「快去便利商店把錢找開啊，橙橙！」

「我們橙橙的身體怎麼可能只值七十塊！」

「學弟破門而入，在桌上怒甩一百塊說『不用找了，我要帶學長回家』。」

「總裁上班訂飲料要揪啊！」

「謝謝妳的分享，奶酪珍珠。」芝麻珍珠會長笑到眼淚快流出來，「我忽然覺得洛橙CP也不錯了。」

「哪裡不錯了？想看橙橙跟總裁的配對，爲何不請其他太太寫一篇總裁晋元與小祕書橙橙的同人文呢？方總裁在劇中就是個沒腦的富二代，怎麼可以讓他染指橙橙！」其他珍珠發出抗議。

「會嗎？我覺得不錯啊。」奶酪珍珠坐回位子上，越想越覺得萌，「有沒有太太可以寫一篇同人文，篇名叫〈方總裁與他的逃婚小嬌妻葉橙橙〉，或是〈小祕書橙橙的戀愛後宮〉之類的啊，寫了我一定轉發！」

「妳的ＩＧ不是只發元橙ＣＰ的糧嗎？怎麼可以轉發其他ＣＰ的糧！」

「我的ＩＧ我當然可以決定發誰的糧，只要萌我就嗑！」

眼見場面又要失控，芝麻珍珠拍了拍手，將眾人的注意力吸引過來。

「好了，我們的目的都是一致的，不管是什麼糧，只要跟橙橙有關的糧就好。」她看向後援會幹部們，「我知道在場有半數以上的幹部都有自己的應援帳號，不管是喜歡橙橙個人還是元橙ＣＰ的，你們照自己的方式經營就好，切記不要跟其他應援帳號吵架。」

在場的幹部們除了像她一樣專門負責幕後應援外，也有像可可珍珠這樣特地開設專屬ＩＧ應援帳號的粉絲存在。

這些粉絲有的擅於剪片或是拍照，也有專精於繪圖或寫文，他們憑著愛將偶像充滿魅力的一面記錄下來，做成精華發在ＩＧ上。不計較時間與心力，一切都是爲了與人分享自己喜愛的偶像，所以只要行爲沒有太超過，芝麻珍珠通常不會管。

「當然不會吵架，我眼裡只有我的ＣＰ。」可可珍珠愜意地低頭滑手機，她的手機存滿了元橙ＣＰ的照片，這些都是她親自到現場拍來的。

反正那些冷門ＣＰ坑的太太們再怎麼努力也改變不了糧食匱乏的窘境，她的元橙ＣＰ不僅糧食多到吃不完，官方還每天發糖，這些圈地自萌的ＣＰ怎麼可能比得上她的官配。

可可珍珠對自己嗑的ＣＰ充滿自信，經過錄音檔汙衊一事，她相信元橙ＣＰ有很高機率是眞的，元橙股不會崩盤。相較之下，洛橙ＣＰ連上市的資格都沒有，萌那對拉郎ＣＰ的人就互相割腿肉取暖好了。

「說起來，我好像聽牛奶珍珠說過一件事。」仙人掌珍珠喝了一口珍珠奶茶，摩娑著下巴開口，「先說好，這是圈內的小道消息，你們千萬別說出去。牛奶珍珠向我透露，她爸爸最近在拍一部電影，由方安洛主演，電影主題曲則是邀請了元橙ＣＰ來唱。」

「眞的假的！」

「我的老天眞的嗎？元橙ＣＰ要唱電影主題曲！」

「什麼電影？我要刷十遍！」

「好像是鬼片。」

原先熱絡的氣氛瞬間涼了一半，方才說要刷十遍的珍珠也立刻閉上嘴。

「也許那個提到洛橙ＣＰ的網友是圈內人，不然我眞不知道他們有什麼交集。」仙人掌珍珠聳聳肩。

「就算消息是眞的，要舉旗狂歡的還是我們元橙粉，因爲演唱主題曲的是我們的主推ＣＰ啊！」

「沒錯。」可可珍珠攪動飲料杯中的吸管，「不管怎樣，最受矚目的還是元橙CP，敢看鬼片的就去看，不敢看的就集中刷MV點閱數，這是一個正向循環，只要我們讓官方知道元橙CP有多受歡迎，就有吃不完的糧。還記得嗎？當初〈南柯一夢〉MV點閱破千萬時，橙橙直接在直播親晉元的臉頰感謝大家。」

「對！」

「啊啊啊！我當時看到那畫面眞的差點瘋掉！太會了，怎麼可以這麼會！」

「我要刷爆主題曲的MV！」

可可珍珠看著振奮的元橙粉絲們以及沉默不語的老婆粉，嘴角一勾，得意地笑了。有她主導風向，其他CP就不可能崛起，這裡永遠都是元橙CP粉的天下。

第六章　夜雨微涼

「好了，房間已經整理好，保險箱也鎖好了，應該沒問題……」

葉允橙認真環視房間，確認每一個角落都一塵不染後，抱起癱在沙發上蓬鬆的大熊娃娃。

「馬鈴薯也洗好澡了，萬無一失！」他將馬鈴薯重新喬了幾個姿勢，可惜怎麼喬它都是一副頹廢沙發馬鈴薯的樣子。

葉允橙左思右想，最後把馬鈴薯放到床上蓋好被子。

這樣至少還體面點，他暗忖。

葉允橙很慶幸自己沒有收集周邊商品的習慣，雖然他是方安洛的粉絲，但只有收專輯而已。周邊太多他會很傷腦筋，萬一發生火災，他可能沒時間搶救周邊，專輯的話，倒是可以拿了就跑，想到這點就很安心。

距離上次跟方安洛說好要來他家練琴已經過了兩個禮拜，這段時間葉允橙一直想喬出空檔，然而他最近開始忙自己的個人專輯，再加上方安洛除了拍《對鬼彈琴》外還有其他工作在進行。兩人唯一對上的時間只有今天，而且只有一個下午，晚上方安洛還得趕去拍《對鬼彈琴》。

「也該找人幫忙簽他的第三張專輯了……」葉允橙望著保險箱低喃。

這陣子工作緊湊，去片場都沒時間收買幫手，匆匆教個琴就要收工了。這可不行，他必須在《對鬼彈琴》拍完前把簽名專輯都湊齊。

可以的話他想再找個女生幫忙，上次黃樂雅帶回來的簽名令他非常滿意，畫愛心簡直是神來之筆。這也是女孩子比較容易想到的地方，讓男生去要簽名的話就會像許晉元那樣，除了簽名就沒別的了。

讓黃樂雅再要一次簽名也有點奇怪，畢竟之前才簽過。至於其他可以幫忙的人，葉允橙目前有幾個人選，例如很喜歡找他討論背景音樂的配樂師、傳授他拍片禁忌的道具組大哥，或是常常幫他發飲料、甜點的製片助理……

他相信這些人會願意幫這個忙，問題是他們全是男的，讓一個大男人拜託方安洛在專輯上畫小愛心有點羞恥。

想到此，葉允橙嘆了口氣，都怪黃樂雅把他胃口養刁了。

就在這時，手機響了，一看到來電，葉允橙雙眸一亮，連忙做了幾個深呼吸讓自己冷靜下來，一邊接電話一邊下樓接人。

方安洛站在樓下，驚疑不定地左顧右盼。

「你怎麼住在這種地方？」這是他見到葉允橙後的第一句話。

他不是故意損人，在附近的停車場下車後，他順著葉允橙給的地址一路走來，發現四周都是老舊的公寓與透天厝，沒一棟看起來像樣的大樓。他所謂的「像樣」不過就是有個管理員或保全在樓下守著的大樓而已——葉允橙住在一棟頗有年代的公寓裡。

「這裡怎麼了嗎？」葉允橙愣了愣，不太能理解。

「如果有狂熱粉絲或狗仔跟蹤你，他們很容易一路跟到你家門口。」方安洛說出了自己的擔憂，「你應該換個比較安全、有隱蔽性的住處，這裡並不適合你。」

葉允橙帶著偶像走上樓梯，仔細思索對方所言。過去不是沒有粉絲跟蹤他，只是每次溫家麟都會安排保母車甩掉粉絲，他下車地點也十分隱蔽，所以到目前爲止他都沒遇過類似的窘境。

「這裡的鄰居很友善，我每次在半夜彈琴，從沒有人跟我反應過噪音問題……」葉允橙笑笑地解釋住在這的原因，「以前我對面住著一位主修鋼琴的音樂系男大生，不過他因病過世，房東索性就讓房間空著了……在這個城市裡，很難找到一個可以肆意玩音樂、不怕打擾到鄰居的租屋處。」

方安洛頓時無言，他很想叫葉允橙不要再半夜彈琴了，天曉得樓下鄰居怎麼想，他們八成以爲自己聽到死去的房客在彈琴。

葉允橙的家中很乾淨，有一個小巧的廚房與客廳，還有一間獨立臥室。他的家到處都能看到他熱愛音樂的痕跡，牆上貼著音樂海報、桌上擺放著一台老舊的唱片機，書櫃上也全是關於音樂的書籍。

「我的電子琴放在臥室，呃，希望你、你不會覺得太過擁擠……」葉允橙緊張地打開臥房的門，裡面空間確實挺小的，僅有一個衣櫃、素雅的單人小床、小夜燈、貼著牆面的電子琴，還有一隻讓人難以忽視的室友。

「你睡地板嗎？那隻熊把你的床位都占滿了，你要睡哪裡？」方安洛好笑地看著床上那位睡得香甜的室友。

「呃，其實擠一擠後可以勉強抱著它睡。」

方安洛很想吐槽一句「你抱著我睡空間還比較大」，但注意到葉允橙窘迫尷尬的神情，便決定先放他一馬。

「而且馬鈴薯是值得紀念的第一隻娃娃，它是我大學時買的，對它有感情了，不能因爲床小就把它趕到一旁。」

「第一隻？」方安洛看了看他，又看了看那隻熊，略微不解，「你小時候不喜歡娃娃嗎？」

「不是的，我沒有不喜歡，只是……我以前唯一的玩具就是鋼琴，嗯，彈琴確實挺好玩的，一彈就會彈很久，所以不需要其他玩具。」葉允橙搔了搔頭，瞄電子琴一眼，笑容變得有些勉強，而後他又覺得自相矛盾，連忙補上額外的解釋，「就是長大後想要擁有其他玩具，所以買了隻熊布偶。」

方安洛點點頭，體貼地沒有再問下去。他拿出琴譜，虛心向葉允橙請教：「老師可以開始教我了嗎？我在最後一首曲子上又遇到一點問題。」

「別叫我老師，你明明也彈得很好。」葉允橙被他逗笑，拉開了琴椅邀請偶像入座，「有時候我會懷疑，你是不是不太需要我幫忙……因爲你常常一點就通，學得也特別快……」

「怎麼會呢？我只是看得懂琴譜，從未正式學過古典樂，如果沒有你，我也不曉得古典樂這麼有趣。」這是方安洛的肺腑之言，葉允橙常常教到一半開始介紹起音樂家或是講解歌曲背後的故事。

這也是葉允橙神奇的地方，他對《小紅帽》這種一般人耳熟能詳的童話故事很陌生，卻對貝多芬的生平如數家珍、熱衷於研究那些音樂家的戀情。

「你說過，我的演奏嚴謹度不足，我不向你請教要向誰請教？」

「好吧。」葉允橙總算被說服了，「那就請多指教了。」

雖然已經教方安洛一陣子了，但葉允橙心中仍不免感到惶恐，畢竟不是人人都有機會指導偶像彈琴。

但不可否認，他非常喜歡這段時光。

他喜歡方安洛認眞傾聽的模樣，也喜歡方安洛彈琴的姿態；喜歡方安洛自由奔放的琴音，也喜歡方安洛彈錯時轉頭向他露出坦率的笑容。

而他最喜歡的便是替方安洛伴奏，僅僅幾分鐘的時光，便讓他有足夠的力量走向未來。

短短幾小時，方安洛和葉允橙已經彈了許多歌曲，有《對鬼彈琴》裡需要用上的曲子，也有兩人的歌。他們一邊彈一邊東南西北地聊著音樂，同爲音樂人，他們有太多能聊的話題。

葉允橙邊彈邊唱了一段新歌旋律給方安洛聽。

「這是你的新歌？聽起來挺輕快，感覺跟你以往的風格不太一樣。」

葉允橙點點頭，笑著解釋這首歌的創作由來：「一般而言，這種風格的曲子我都是寫給晉元的，可家麟哥說我偶爾也該挑戰別的曲風，才不會讓粉絲感到疲乏。」

聽葉允橙提到許晉元，方安洛的神情一瞬間變得有些微妙。

之前錄音檔事件讓許多人相信元橙CP是玩眞的，搞得方安洛雖然不信，最後還是忍不住私下跟葉允橙確認。

雖然得到了滿意的回答，然而元橙CP的人氣實在太高了，高到其他冷門CP都無法生存，這讓他有點擔心會不會哪天藍星音樂爲了賺錢讓這對CP弄假成眞。

「有點對不起你們，爲了籌備專輯，多少得犧牲擔任鋼琴指導的時間……」葉允橙慚愧地說。

「不用放在心上。」方安洛覺得葉允橙老實得有點可愛，「這本來就是導演隨口提議的，我想他請你來當鋼琴指導，多半也是想藉此機會製造點話題，畢竟人人都想知道你有多會彈琴。」

葉允橙面露苦笑，對此不予置評。

「專輯什麼時候出？」

「兩個月後，家麟哥說為了配合專輯發行，要辦個人演唱會……」葉允橙講著講著，陷入了沉思，「《對鬼彈琴》差不多也是再兩個月殺青，樂雅那邊要加緊進度，她還有幾首曲子彈得不夠好……要是最後一個月我忙到沒時間去片場教琴，也許我也該問問她要不要來我家練——」

「邀請一個十七歲少女來你的臥室練琴？」方安洛立即打斷他的話，「傳出緋聞藍星音樂壓得下來嗎？黃樂雅是星二代，走到哪都有父母為她撐腰，若是跟你傳出緋聞，你覺得她的父母會袖手旁觀？你能全身而退嗎？」

葉允橙被說服了，他的確沒想那麼多，「你說得對，我太草率了，只能請她自求多福，自己找時間多練習吧。」

方安洛滿意地點點頭，「這才是最合適的作法。」

「還好你已經練得差不多了，就算最後一個月我沒去片場，相信你也能彈得很好。」葉允橙欣慰地說。

「就算沒問題了，我還是想跟你一起彈琴。」方安洛順著他的話，投出一記直球，「我喜歡你彈琴的樣子，也喜歡跟你一起彈琴唱歌……就算電影拍完了，還是想繼續和你共度這樣的時光，我也希望，不是只有我一個人這麼想。」

他朝葉允橙挪近，嘴角微微上揚，愉悅地欣賞對方的表情變化。

葉允橙聽得目瞪口呆，他怎可能不喜歡這個提議，但這樣從天而降的幸福令他由衷感到害怕。

擁有一樣喜歡的東西是很冒險的，伸手拿取之前，都必須仔細考慮風險。就拿方安洛的專輯爲例，要是失去那些專輯，雖然很痛苦，但葉允橙還可以承受；可若是讓他擁有了與偶像一同彈琴唱歌的權利，卻又可能在哪一天失去，屆時那撕心裂肺的疼痛他實在不敢想像。

與其最終結果變成這樣，不如一開始就不要擁有。這就是他不想跟方安洛有太多接觸的原因，只要隔著螢幕，他就永遠不用擔心這些事。

「我、我沒什麼特別的想法，以前我常兼職鋼琴家教，對我而言，你跟他們一樣，都是我教過的學生之一……」葉允橙避開方安洛的目光，艱難地說，「只要前輩有需要，歡迎隨時過來找我。」

令他意外的是，方安洛聞言不但沒有生氣，還伸出一隻手摸了摸他的頭。

他僵硬著身子，感覺到方安洛傾身靠近，在他的額上輕輕一吻。

「沒關係，我等你。」

葉允橙睜大了眼睛。

「我等你有時間了，再來向你求教。」方安洛的聲音一如往常輕鬆，沒有半點失望。

葉允橙沉默一會，故作平靜地輕輕點頭。

只有他自己知道，這番話對他而言是多大的救贖。

♪

入夜時分，陰雨綿綿，一輛高級賓士駛進校園，完美地停在停車格正中央，一名黑西裝男子從駕駛座下車，撐開一把黑傘，恭敬地開了副駕駛座的車門。

「唉，下什麼雨，我最討厭下雨了。」夏予青嫌棄地看著滿是泥濘的地面，「我記得今天有逃亡戲，你說吳導會不會臨時起意要我在雨中追著人跑？安洛和樂雅還好說，但我是音樂教室的女鬼，一身狼狽像什麼話？」

「小姐，您就如同出淤泥而不染的白蓮，就算滿身泥濘也很美。」西裝男子關上車門，臉不紅氣不喘地拍起馬屁。

夏予青白了他一眼，正想叫對方別再說廢話時，另一輛車來了——是方安洛的車。

夏予青嘴角一勾，走過去想跟方安洛討論今天導演會不會讓他們淋雨。

方安洛打開車門時看到她了，他簡單地頷首問好，隨後撐傘關上車門，走向另一邊的副駕駛座，彎身打開車門。

夏予青疑惑地眨了眨眼，當她看到葉允橙從副駕走下來，頓時驚呆了。

眾所皆知，方安洛和葉允橙之間的關係相當微妙，方安洛不僅主題曲被搶，還被迫得讓葉允橙指導鋼琴，任誰來看這都是雙重屈辱。

對此夏予青相當佩服方安洛的氣度，換作是她，絕不會給葉允橙好臉色看。她一直認爲方安洛很能忍讓，所以對這位太前輩頗有好感，可這會她完全看不懂了。

「這吹的是什麼風，你們怎麼會一起來？」她愣愣地看著同撐一把傘的兩人，眞的覺得見鬼了。

「吃完晚餐就順便載他一起過來了。」方安洛一臉稀鬆平常，還像是怕葉允橙跌倒似的緊緊牽著他的手。

「嗯，對……我有跟樂雅說今天會過來……」葉允橙含糊地回應，他的目光在方安洛的臉與他們緊牽的手之間徘徊，神情顯得既緊張又忐忑。

「乖，不想被牽著手的話，就站得離我近一點。」方安洛在葉允橙耳邊輕聲安撫，在對方依言乖乖貼近自己一步後，方安洛鬆開了手，抬頭看向夏予青，姿態一派光明磊落。

夏予青感覺似乎哪裡怪怪的，可方安洛的神情太坦蕩，反讓她認爲自己大概想多了。她現在的心情就好像在追劇過程中少看了三集，目前的發展讓她有點銜接不上劇情。

「雨越下越大了，快走吧。」方安洛笑著催促。

夏予青點點頭，頓時也沒了討論雨夜追逐戲的心思。怕泥濘濺起，她放慢腳步走在方安洛和葉允橙後頭，只見他們靠得非常近，時不時交談一句，笑得很開心，方安洛甚至還刻意將傘傾斜至葉允橙那邊。

她神色有些古怪，但仔細一想，方安洛親自開車載葉允橙抵達片場，還狀似親暱地與他共撐一把傘，這是要護著葉允橙的意思。方安洛不希望有哪個傢伙以爲葉允橙得罪了他，就以此爲由欺負葉允橙。

「眞是無趣。」夏予青自覺稍微明白方安洛的用意，語帶不滿地嘟囔，「只是個很會經營人設的傢伙而已，有什麼好上心的？」

關於葉允橙踏入演藝圈的經過與事蹟，她自然聽過一些，什麼服務生有著天籟美聲、鋼琴王子、學長學弟間的禁忌戀情……只能說，她眞心感到這年頭要紅，就是要會幫自己設計人設。

與夏予青不同，黃樂雅一看到葉允橙來到片場，立刻喜上眉梢，拉著他的手急忙問道：「我的譜呢？」

「我有帶，但不能這麼快就給妳。」

「爲什麼？」

「因爲妳還有曲子彈得不夠好，我怕新的琴譜會耽誤妳原本的進度。先讓我聽聽看妳練得如何，再考慮要不要給妳。」

「怎麼這樣——」

「這是必須的，因為我開始忙個人專輯的事了，之後可能偶爾才會過來，妳得在我忙到不能來之前把曲子練好。」葉允橙耐心地解釋。

黃樂雅苦著一張臉，雖然內心頗有怨言，但她也明白葉允橙之所以接下這份工作，只是藉此賺點話題討論度罷了，出專輯才是他的本業。

「那你來看我拍戲吧，我今天有場要彈鋼琴的戲。」

經過半個多月，葉允橙已經得到黃樂雅的認可，他確實有兩把刷子。經過葉允橙的指導，導演也誇讚她琴彈得比之前好多了。

一旁的方安洛在這時冷不防開口：「沒那個必要吧，允橙跟我說過，妳只剩最後一首曲子還沒完全練好，今天戲裡要彈的曲子已經沒問題了。」

「可是……」黃樂雅猶不肯死心。

「沒關係，我就過去看看吧。」葉允橙笑著答應了，他與方安洛對視一眼，輕輕點了點頭，表示自己沒問題。

《對鬼彈琴》的彈琴戲幾乎都在沒有開燈的音樂教室裡進行，雖然現場還是會打光，不過整體而言依舊十分昏暗，因此葉允橙之前幾乎都不出現在拍攝現場。

「允橙要來旁觀嗎？太好了！」正在拍攝現場準備的導演聽到他們的談話，走了過來，笑呵呵地說：「雖然我學過一點音樂，但畢竟不是專家，彈奏得好壞還是交給專家判斷比較好。」

「如果吳導不是專家，在場沒人敢稱自己是專家了。」葉允橙面露苦笑，不敢接這個奉承。吳松甫之所以能駕馭這部包含古典樂元素的電影，就是因爲他本身是音樂學院畢業的專科生。

「現場會有攝影師拍你旁觀的樣子，沒問題吧？放心，不會拍太久，就拍點畫面放在花絮而已。」

「可以。」葉允橙點點頭，之前他跟黃樂雅練琴時，攝影師也來側拍過幾次。

吳松甫的目光在他跟方安洛的身上徘徊，以輕鬆的語氣試探：「你和安洛現在關係好像還挺不錯，剛聽助理說你們今天是一起過來的。眞是太好了，我之前就聽家麟說過，允橙你是——」

「哈哈，吳導我們趕快開始吧！我、我晚點可能有事要先走。」難得不顧禮貌，葉允橙乾笑著打斷對方的話。

吳松甫愣了愣，而後點點頭，回頭催促劇組人員動作加快。

今天要拍的第一幕是女主角黃樂雅與女鬼夏予青同室彈琴的戲，女主角透過調查了解女鬼的過去，爲了擺脫詛咒，主動前往音樂教室彈奏曲子引女鬼現身，與她談判。

一行人來到四樓的音樂教室，這間大教室裡擺了兩台三角鋼琴，課桌椅全堆到了角落，除了鋼琴外的地方全都布滿了灰塵。逐漸變大的雨勢不斷拍打著玻璃窗，增添幾絲抑鬱氛圍。

這一幕本來就沒方安洛的事，他有很多時間可以在休息室先琢磨演技和台詞，但由於葉允橙要來現場觀看，所以他也跟著待在現場。

「剛剛吃晚餐時我就察覺到你的臉色不太好，沒事吧？」方安洛站在葉允橙身旁，給了他一個可以離開現場的理由，「等等累了先去休息，別勉強。」

「我沒事。」葉允橙笑了笑，覺得心裡暖暖的。

他待在燈光師附近，專注盯著拍攝現場，正式開拍後，昏暗的環境確實給他帶來幾分壓力，不過還不至於需要離場。

位於場中央的黃樂雅渾身微微顫抖，帶著堅定的表情走向鋼琴。

「聽著，我知道妳為何而死，我們需要談談。」她警戒地東張西望，對著空蕩蕩的教室喊話。

片刻後仍沒有得到任何回應，她深吸一口氣，坐到了琴椅上，那戰戰兢兢的模樣讓葉允橙的壓力加劇，頭有點痛。

黃樂雅舉起手，開始彈起蕭邦的〈升C小調夜曲〉，為了表現出害怕，她刻意彈錯了幾個音，手腕也肉眼可見地輕輕打顫。黃樂雅用身體與琴聲詮釋了害怕的情緒，一首美妙的鋼琴曲被她彈得如履薄冰，聽得葉允橙心跳越來越快。

他深吸一口氣，閉上眼睛，讓自己專注在琴聲上。

他聽見耳邊傳來方安洛壓低的嗓音，問他需不需要休息。葉允橙搖頭拒絕了，這還在他能忍受的範圍。

所幸黃樂雅演繹的恐懼情緒只是一時，她的彈奏很快就變得流暢，琴聲也逐漸平穩，葉允橙的心隨著琴聲平靜下來，他鬆開了眉頭，直到彈奏結束才睜開眼睛。

「這首歌是妳當年原本要演奏的曲目對吧！」黃樂雅瞪著不知何時出現在另一張琴椅上的女鬼問道。

女鬼沉默地低著頭，垂下的黑髮如瀑，蓋住了她的臉。

「允橙。」方安洛拍了拍葉允橙的肩，在他耳邊低聲說道：「我得去休息室化妝了，跟我一起走，接下來沒有彈琴的戲了。」

葉允橙從不知道自家偶像這麼會操心，忍不住嘴角上揚，「你先走吧，等這幕結束，我得給樂雅一些回饋。」

見葉允橙還能露出笑容，方安洛也比較放心了，他點點頭，再度叮嚀對方累了就去休息，隨後便跟隨來催促的化妝師下了樓。

對葉允橙而言，最難熬的階段已經過去了。他一邊調整呼吸，一邊專注在黃樂雅與夏予青的對戲上。

窗外的狂風暴雨提升了現場劍拔弩張的氛圍，讓兩位演員更加沉浸在劇情裡。這一幕非常順利一次過關，導演喊卡後，黃樂雅第一時間看向了葉允橙。

「怎麼樣，我彈得如何？」黃樂雅走到他身前，語氣難掩自豪地開口詢問。

「嗯，很厲害，透過琴聲都能感受到妳的恐懼。」葉允橙由衷地稱讚，並針對演奏講評了幾個重點，聽得黃樂雅頻頻點頭。

「這首曲子都能彈好了，其他首曲子對我來說只是時間問題。」黃樂雅語氣胸有成竹，「你等著，下次我保證你會給我琴譜。」

說完後，黃樂雅露出一個自信的笑容，帶著助理下樓去了。導演剛剛喊話叫大家加快動作，他要趁著大雨拍一場逃亡戲。

劇組人員各忙各的，拍攝現場瞬間只剩幾隻小貓，包含葉允橙與下一場不用出鏡的夏予青。

「喂，你給安洛前輩灌了什麼迷湯啊？他剛剛根本沒在看那場戲，注意力全放在你身上。」夏予青坐在琴椅上，搖晃著雙腿，目光直勾勾地打量葉允橙，「連黃樂雅都這麼聽你的話，太不可思議了，你做了什麼？還是你眞的這麼厲害？」

「只是有共同興趣，聊得來罷了。」葉允橙老實回答，他喜歡和方安洛聊音樂，也喜歡和黃樂雅聊方安洛。黃樂雅之所以聽他的話，是因爲他給了她好幾份市面上找不到的琴譜。

夏予青垂下嘴角，她寧願葉允橙吹噓自己有多會彈琴，也不想聽他說那些有的沒的。

她向來看重一個人的實力，如果葉允橙能用實力說話，她就會對他改觀。

「他們在你的指導下進步顯著，讓我有點好奇了。」她走向教室一角，拿起被她扔在角落的琴譜，「正好我最近心煩意亂，鋼琴進度全面停擺。我爸媽聘來的那位鋼琴老師不曉得發什麼神經，我不過對他的指導方式提出一點意見，他就氣得不來了。我爸媽還認爲是我的錯，要我向他道歉賠禮，呵。」

「這位鋼琴老師也太神經質了吧？」這個話題讓葉允橙很有共鳴，他找不到坐的地方，最後在對面的琴椅坐下，陪夏予青有一搭沒一搭地聊天，「換一位吧，這種老師跟久了，妳會很痛苦。」

「你以爲想換就能換啊，還是你要代替他來『教我』？」講到最後兩字時，夏予青特地加重語氣，顯得特別嘲諷，她把琴譜扔到葉允橙手上，又一屁股坐回琴椅上，「怎樣，會彈嗎？這是老師推薦給我的自選曲，噢，忘了告訴你，吳導跟我說在《對鬼彈琴》裡我可以彈一首自己想彈的鋼琴曲，只要能展現出我很會彈琴就好。」

葉允橙久久沒有出聲，他翻了翻琴譜，表情變得有些複雜。

「如何？回個話啊，會不會彈？」

「嗯……基本上會……」葉允橙含糊地說，「現在去琴房？」

「這裡就有鋼琴，特地去琴房幹麼？」夏予青嘴角一勾，笑咪咪地說：「不用擔心琴聲影響到拍攝，逃亡戲在一樓拍，距離可遠了，頂多讓樓下的劇組人員聽到罷了。」

她就是在等這一刻，這間音樂教室沒有什麼隔音措施，彈得如何大家一聽就知道。轟的一聲，窗外忽然響起了震耳欲聾的雷鳴。

葉允橙看了窗外一眼，又看了看音樂教室的日光燈。

剛剛拍攝結束時，劇組重新打開了音樂教室的電燈，雖然不比琴房來得亮，但對葉允橙而言還算堪用，至少不會讓他感到壓力。

他將琴譜擺到架上，沉重地吐了一口氣，「如果是我，一定會建議妳選別首曲子。」

「難道是這首太難了，難倒你了？」夏予青揶揄道，老師爲她選的是著名的炫技鋼琴曲。

「妳應該彈妳喜歡的曲了，而不是老師喜歡的，否則妳只是在代替老師彈琴而已。」

葉允橙沒有理會夏予青話中的挑釁，語畢便將雙手放在琴鍵上，一連串輕盈的音符從他指尖下流洩而出，宛若一隻靈巧的貓在琴鍵上跳舞。

夏予青愣愣地望向葉允橙，沒想到他真的會彈，這首鋼琴曲的難度很高，沒有一定程度很難駕馭。

葉允橙的手彷彿被施了魔法，輕快地在琴鍵上舞動，他緊盯著琴譜，一個音都沒有彈錯。

幾名劇組人員聽到這邊有琴聲，好奇地過來一探究竟，看到是葉允橙在彈奏，心頭一喜，趕緊拿出手機錄下這段珍貴的幕後花絮。

葉允橙好似沒注意到任何動靜，專心彈著琴，彷彿全世界只剩下他一人。

就在這時，天空再度響起陣陣雷鳴，屋外的狂風像是要把窗戶震下來似的，瘋狂敲打著窗框，雨滴也不斷沖刷著窗戶。

屋內的燈光冷不防閃了一下，那一瞬間，葉允橙的演奏出現了一絲遲疑，下一秒，教室的燈光熄滅了，整個空間像被黑暗吞噬般。與此同時，葉允橙的琴聲也消失了。

「怎麼回事？停電了？」夏予青東張西望，覺得頗掃興。

她站起身，循著印象摸索到教室的電燈開關，按了幾下發現沒有反應。

「不是吧，拍鬼片還停電？」她覺得怪嚇人的，「喂，我們先下樓吧，等等再彈——」

她的話音未落，那首高難度鋼琴曲於黑暗中再度響起，完美得宛若影片播放一般流暢。

夏予青錯愕地將頭轉向葉允橙所在的方向，頓時說不出話，明明處在伸手不見五指的環境中，可葉允橙依然把曲子彈下去了。

她沒想到葉允橙不只會彈，甚至已經熟到完全背起來了，就算沒有琴譜、看不到琴鍵照樣能彈，這下她真的服氣了，換作是她絕對做不到。

「這樣也能彈？太誇張了。」她忍不住出聲調侃，「你是鬼嗎，在這種環境還能自在彈琴？」

葉允橙沒有回答她，他彷彿與世界隔絕，依然故我地彈著琴。

不知為何，夏予青感覺琴聲有點變了，音色變得緊繃，且彈得越來越快，聽得她的心也越發沉重。

她嘗試在黑暗中走向葉允橙，開玩笑地說：「好了，我已經知道你會彈了。我們先下樓吧，這裡可是女鬼出現的場景，沒人想在這種情況下彈琴。」

回應她的依舊只有琴聲。

「喂，葉允橙，回我話啊。」夏予青有些緊張。

所幸這首曲子快結束了，夏予青猜想葉允橙可能是想把琴彈完，她站到鋼琴旁，深吸一口氣，耐心等待。

葉允橙彈完最後一個音，夏予青立刻開口：「喂，走吧！先下樓，等等應該就有電了。」

「我彈得如何？」

「什麼？」她愣住了。

「我彈得如何？」黑暗中傳來葉允橙不帶情緒的飄忽嗓音。

就在此時，樓下傳來黃樂雅淒厲的尖叫聲，逃亡戲的拍攝如火如荼進行中。

夏予青倒抽一口氣，一把抓住他的手臂，「現在不是談這個的時候吧？我們先下樓。」

葉允橙甩開她的手，重新開始彈奏那首鋼琴曲。

「女鬼是我不是你，別彈了，你會嚇到大家的！」夏予青氣急敗壞地將他從椅子上扯起來，拖著他走向門口，可葉允橙居然一把將她推開，執著地走回去彈鋼琴。

「我會彈的、我會彈的……」葉允橙飄忽的低喃迴盪在黑暗中，隨後鋼琴聲再度響起，不論夏予青如何叫喚他都充耳不聞，一個勁地彈著琴。

「你有病！」夏予青尖聲罵了一句，嗓音還帶著幾分恐懼，「我不管你了，你就一個人在這彈琴吧！」

葉允橙就像個壞掉的唱片機，不斷地播放同一首曲子。

「怎麼回事？」

「爲什麼在這時候彈琴啊？」

樓下的劇組人員也聽到了，在一片黑暗中音樂教室傳來的鋼琴聲特別清晰，他們想忽視也難。眾人紛紛在內心埋怨那位喜歡嚇人的女鬼夏予青，直到他們看到夏予青從樓梯下來。

「是葉允橙在彈琴！」夏予青看著眾人見鬼般的僵硬神色，連忙解釋，「我叫他下樓，他偏不肯，還把我推開！天曉得他中了什麼邪。」

說完最後一句，她才發現自己說錯話，沒有人想在拍鬼片的現場聽到這種形容。

眾人面面相覷，沒人知道葉允橙在想什麼。雖然這人出現在片場的次數不多，但大家對他的印象都是有禮的好青年，這種挑撥眾人敏感神經的行為不像他會做的事。

不過就因為這樣才可怕，大伙想叫葉允橙別彈了，卻又沒人敢上去提醒，畢竟他們剛剛才在那間教室裡拍完鬼片。

此時，一個強勢低沉的嗓音從眾人身後傳來。

「葉允橙呢？」方安洛瞪著他們，他渾身被雨打濕，身上還在滴著水，儘管有些狼狽，他依然散發著強烈的壓迫感。

「他在樓上……現在在彈琴的人就是他。」夏予青被方安洛的氣勢嚇到，指了指天花板回答。

方安洛目光一凜，一把拿走劇組人員手上的手電筒，毫不猶豫走上樓。

他快步來到音樂教室，將亮光照向沉浸在演奏中的青年。

葉允橙閉著雙眼專心彈奏，絲毫沒有因為直射而來的燈光而停止。

「橙橙。」方安洛放慢了腳步，用和緩的語氣安撫他：「橙橙，別彈了，已經沒事了。」

葉允橙依舊沒有回應，他就像是《對鬼彈琴》中那不願散去的冤魂，一個勁地彈著琴。

直到他彈到最後一個音符，才稍做停歇，看向方安洛。

「我彈得如何？」他輕聲開口。

「非常好，沒有比這更完美的演奏了。」方安洛認真地給予回應。

葉允橙綻放燦笑，他的手終於從琴鍵上移開。

第七章　長夜漫漫

在終於寂靜下來的音樂教室裡，方安洛彷彿看到一個小孩坐在鋼琴前，那個孩子將曲子彈了一遍又一遍，爲的就是一句認可。只要一句話，就能把他從黑暗中拯救出來。

於是方安洛牽起那隻冰涼的手，溫柔地說：「你已經彈得夠好了，可以休息了。不用這麼努力也沒關係。」

「我可以休息了？」

「嗯。」

葉允橙不敢置信地眨了眨眼，雙眸逐漸找回神采。他就像做了一場逼眞的惡夢，終於意識到自己待的地方，以及眼前的人是誰。

方安洛拿著手電筒，渾身濕淋淋地站在他眼前，被雨水浸透的白襯衫貼在身上，勾勒出男人結實的身材，這對他而言有點太刺激，他的目光簡直不曉得該往哪擺。

「橙橙，跟我走吧。」方安洛含笑將他從琴椅上拉起來，「這裡太暗了，我們回休息室待著。」

「安洛前輩你怎麼會在這裡……呃，不是在拍戲嗎？」

「雨太大停電了，有些要接電的設備不能用，所以拍到一半就先回來了。」

「噢……」葉允橙可以理解劇組因設備問題先停工，可這依舊無法解釋方安洛為何出現在這裡，而且他剛剛有聽錯嗎？方安洛是不是叫他橙橙？

葉允橙糊里糊塗地被帶下樓，眾人看到他們，有人鬆一口氣，也有人驚疑不定地盯著他，這讓他內心充滿疑惑。

「他沒事，可能是太累了，一時腦袋發暈不知道自己在做什麼。」方安洛曉得現在劇組人員應該在懷疑葉允橙遇到了某些科學無法解釋的事，他沒辦法告訴大家葉允橙怕黑，便只輕輕帶過，「我先帶他去休息一下。」

「好，你快去。」

「有任何問題都可以跟我們說！」

劇組人員紛紛附和，有些人還佩服地看著方安洛，暗自覺得他眞好心，居然如此心無芥蒂地照顧後輩。

「等等電力應該就會恢復了，別怕。」方安洛牽著葉允橙的手安撫他。

「我現在比較擔心你感冒……」葉允橙小聲說。

「我一直都有健身的習慣，淋點雨沒什麼。」

葉允橙緊抿著唇，內心倍感糾結，一方面覺得方安洛被雨淋得好慘，一方面又覺得他這樣濕衣裏身好性感，並為此深懷罪惡感……他就這麼一路糾結著來到了方安洛專屬的休息室。

一關上門，方安洛立刻將手電筒放到桌上，抓著葉允橙的手臂焦急地問：「發生了什麼事？為什麼在那裡彈琴？」

「我……」葉允橙低下頭，略為苦惱地思索著，「我記得停電前夏予青丟了一本琴譜給我彈，彈到一半就停電了，那時我的腦海中充斥著要我繼續彈琴的聲音，所以……總之就是，我在黑暗中會不斷彈琴，如果沒有琴彈會很恐慌。比起這個，我覺得你該換一下衣服……」

葉允橙左顧右盼尋找能擦拭身體的東西，哪怕是衛生紙也好。他很快便看到桌上放著一疊毛巾，應該是劇組人員提前準備好的。

他腳步虛浮地走過去拿起毛巾，再走回來替自家偶像擦拭。

「就算覺得淋點雨沒什麼，可雨打在身上還是會冷。」葉允橙用毛巾擦了擦方安洛的臉龐與頭髮。

他想到某一年冬天方安洛站在舞台上唱歌，因為穿得少現場又飄雨，事後病了一個禮拜的事。雖然方安洛現在已經不會在社群網站講述工作的辛酸，但這件事葉允橙一直記在心裡。

「別擦了，我現在只想知道你有沒有事。」方安洛抓住葉允橙的手，他怕再這樣下去會忍不住抱緊葉允橙——他衣服濕了還有可以替換的衣服，可對方沒有。

「我沒事，因爲事出突然，所以我對過程沒什麼印象。回過神來，你就在我旁邊了。」葉允橙露出笑容，輕輕推了下方安洛，「我眞的沒事，你快去換身衣服吧。」

聞言，方安洛點點頭，這才甘心走向衣架。

當葉允橙看到他直接站在原地解開襯衫鈕釦時，整個人都慌了，「等、等等，你不去廁所換嗎？」

「去廁所？現在停電，什麼都看不到要怎麼在廁所換衣服，而且這裡只有一個手電筒，我離開了你怎麼辦？」方安洛看葉允橙慌張的模樣，嘴角微微上揚，他刻意忽略手機也可以照明的事實，讓葉允橙二選一：「你是要陪著我到廁所隔間換衣服，還是讓我在這裡換衣服？」

葉允橙啞口無言，轉身背對著方安洛，哪也不敢看，可就算不看，他還是可以清晰地聽見方安洛脫下襯衫、解開褲子皮帶的聲音。他本就是個聽覺敏銳的人，這些聲響聽得他面紅耳赤，只能摀住臉逃避現實。

「啊！」就在這時，方安洛發出一聲慘叫。

葉允橙心頭一驚，連忙轉過頭來，「怎麼了？」

只見方安洛赤裸著上身，臉上帶著一抹惡作劇的笑容，「沒事，我剛剛以爲地上有一隻蟑螂。」

葉允橙無言以對，目光不自覺地挪到方安洛身上，那明顯經過鍛鍊的結實身材看得他雙眼發直，察覺到方安洛意味深長的目光後，他便趕緊移開視線。

「呃，我不怕蟑螂，眞的出現再叫我。」他尷尬地咳了一聲，重新背過身。

方安洛達成目的後，迅速穿好下一幕要穿的戲服，走到葉允橙身後，「橙橙，你是不是晚點有事要先走？」

「應該不用了，我本來打算晚點去晉元家討論新歌的事，但雨這麼大，他應該希望我直接回家。」葉允橙解釋完，猶豫一會，遲疑地說出心中的疑惑：「前輩你……你剛剛是不是叫我橙橙，我有聽錯嗎？」

「沒有聽錯。」方安洛大方承認了，他將葉允橙轉過來面對自己，雙眼盈滿笑意，「不喜歡嗎？我看你的粉絲都這麼叫你。」

「沒有不喜歡，只是……」葉允橙不好意思地搔了搔臉頰。

其實也有其他朋友會叫他橙橙，只是同樣一個稱呼，從方安洛口中說出來莫名親暱，讓他有點害臊。

「你放心，在其他人面前我還是叫你允橙，不過私底下我想叫你橙橙。」方安洛牽著他的手，露出很委屈的表情，「這樣不行嗎？」

「沒有不行，隨便你……我、我不介意。」葉允橙承受不住這種攻勢，他哪捨得讓方安洛委屈。

方安洛低笑，往前一步與他拉近距離，「橙橙，你能在這等我下班嗎？我還有一幕得拍，順利的話很快就能離開了。」

「什麼？」

「導演方才更改了計畫，他說今天要讓樂雅提早領便當。故事中，女主角最後會在下雨天失足摔死，今天剛好有現成的大雨。」

葉允橙不知該從哪裡吐槽起，原來這部電影的女主角會死嗎？

「無聊的話就帶著手電筒去琴房，我會盡快拍完回來找你，不要到處亂跑，劇組那邊我會找個理由解釋，不必擔心。」

葉允橙莫名其妙被安排了一切，然而他也不好拒絕，畢竟他還不知道該如何解釋自己為何在黑暗中瘋狂彈琴，也不曉得怎麼面對劇組的人。

「總覺得有點不好意思，今天來的時候搭你的車，回家也是，好像安洛前輩特地接送我上下班似的……」

「我覺得挺好的。」

聽到這個回答，葉允橙愣了愣，目光與方安洛對上，望著那雙深邃的眼睛，他感覺有某種情愫在他們之間滋長。但是葉允橙不敢臆測，那是他消受不起的東西，所以他移開了視線，說服自己什麼也沒感受到。

而後他乖乖地待在休息室，順便聯絡許萱亢，告訴他今晚自己先不過去。過了十幾分鐘，電力終於恢復，葉允橙鬆一口氣，眉頭舒展了不少。

「必須提醒家麟哥，這次演唱會務必從頭到尾都要有燈光照明，否則我也不曉得會發生什麼事。」他一邊喃喃自語，一邊發訊息給經紀人。

在等待方安洛下班途中，有劇組人員敲了敲房門確認葉允橙的狀況，他們似乎沒有開門的勇氣，知道葉允橙無恙後便飛快離去。

大約半小時後方安洛回到休息室準備離開，兩人低調地離開劇組，途中還遇到在角落背台詞的夏予青。

夏予青看到葉允橙時嚇了一跳，欲言又止，神色驚疑不定地打量著葉允橙。

「夏予青小姐。」葉允橙若無其事地向她搭話，「如果妳想要透過琴聲表現自己，我覺得比起被指定的那首曲子，蕭邦的〈黑鍵練習曲〉更適合妳，活潑輕快的旋律跟妳的氣質比較搭。」

夏予青一陣無語，沒想到他會提起這件事。

「還有，如果妳想給鋼琴老師送個禮，不妨送茶葉試試看，那種老古板一定不會排斥茶葉。既然他在國外待過，我想紅茶或許更合他的胃口。」葉允橙笑了笑，輕描淡寫地說完就跟著方安洛離開現場。

夏予青呆愣愣地目送兩人離去，直到他們的身影消失在黑暗中，她才回過神，細細思索葉允橙的話。送禮的提議不錯，雖然她不是很想向對方道歉，可在父母的施壓下，她還是得做做樣子，至於選曲……

「唉，說得簡單，事到如今換曲子，老師一定會生氣的……」她先是嘆了口氣，看了一眼放在旁邊的樂譜，然後她嘴角微微上揚，彷彿下定了決心。

♪

「你還好吧？導演跟我說昨天劇組停電時，你做了一些『奇怪』的事。」

隔天，葉允橙一來到藍星音樂，立刻受到經紀人的關愛。

「哈哈……我很好。」他只能乾笑以對，希望劇組不要被他反常的行徑嚇到。

「我還聽說了一些事……」溫家麟猶豫一會，斟酌說道：「你坐方安洛的車過去？」

葉允橙在內心默默感嘆，不愧是家麟哥，就算他人不在現場依舊有辦法掌握全局，

「對，安洛前輩說他在劇組可以練琴的時間太少了，希望我額外抽空教他……」

溫家麟點頭，他對藝人的交友圈一向很尊重，只要不惹出醜聞，他通常不會干涉，只是之前許晉元的遭遇讓他對新銳娛樂的藝人比較戒備。

「他知道了？」溫家麟試探性地詢問。

葉允橙明白溫家麟在問方安洛是否知道他怕黑的事，「知道了。」

溫家麟的表情變得凝重，他忍不住猜測葉允橙是不是被抓住把柄了，「如何？」

「他人很好，只能說不愧是我的偶像。」

看著葉允橙的笑容，溫家麟放心了，他將話題引導到工作上：「你的新專輯主打歌〈人魚〉也製作好了，等等去聽聽看，順便想一下專輯封面要走什麼風格。」

「我希望專輯封面有清新透明感，或是我沉在水中的樣子，這樣才有〈人魚〉的感覺。」葉允橙拿出筆記本，將自己繪製的封面一把攤開。

溫家麟盯著筆記本上的火柴人，自行在腦內美化一千倍後，覺得這確實可行，「這樣的話到時候拍攝MV也得下水，你會游泳吧？」

「當然。」葉允橙趁機挽回自己的形象：「你放心，除了怕黑，其他我什麼都不怕，不怕水，也不怕蟑螂。」

多虧方安洛，葉允橙終於覺得自己沒有那麼脆弱，他的偶像告訴過他，不怕蟑螂就贏一半的人了。

藍星音樂不像大公司一樣有很多人力與資源，許多事都要親力而爲，所以爲了籌備專輯，葉允橙如同先前所說，必須漸漸減少去《對鬼彈琴》片場的次數。

「《人魚》是葉允橙的第二張個人專輯，其風格承襲首張單曲〈今生只想與你走紅毯〉，以鋼琴作爲純伴奏……主打歌描述人魚公主爲愛拋下一切的勇氣……」

葉允橙坐在藍星音樂的辦公室裡，一邊對著筆電喃喃自語，一邊敲下專輯文案。第一次出專輯時他還會感到彆扭，如今他已經可以面不改色地以旁觀者的角度吹噓自己。

儘管葉允橙去片場的次數少了，可跟方安洛的聯絡沒有因此減少。

方安洛會跟他說在片場發生的事，也多虧如此，葉允橙知道了許多八卦。例如兩位女主角又爲了一點小事吵架，或是剪輯師在檢查毛片時，發現有幾秒畫面詭異地變成黑畫面，只好請大家重拍。

方安洛當然也對葉允橙即將出專輯的事充滿好奇，這張專輯的歌曲幾乎都是葉允橙寫的。這麼做是因爲他喜愛創作，而且不用花錢請人寫歌。

「有必要這麼省？」方安洛覺得很好笑，他隸屬於大公司，也非創作型歌手，以前頂多參與創作歌詞，曲子的部分則都由作曲家完成。

「請知名的音樂人寫歌要花很多錢，也不一定能請到。」葉允橙認眞地解釋，「尤其是剛出道的新人，自己會創作才是最好的，在沒有人脈跟資源的情況下要請到大咖幫自己寫歌幾乎是不可能的事。就算眞的很幸運請到了人，歌曲好聽爆紅，也不可能之後每首歌都這麼幸運，靠自己才是長久之計。」

方安洛愣了愣，頓時無話可說。過去的他也曾經幸運請到大咖爲他寫歌，不過就如同葉允橙所說，不是每次都這麼幸運。一個歌手想長久紅下去不能只靠一首歌，他必須持續發表作品，讓人們記得他，甚至想起他的歌時，也能朗朗上口。

「想必你花了很多心力在〈人魚〉上。」方安洛忽然很想聽聽〈人魚〉，這首歌肯定傾注了葉允橙相當多的心力，「我有點好奇你的第二張專輯主打歌爲何叫〈人魚〉？」

說到這裡，他覺得葉允橙有點可愛，居然會以如此有童話感的歌名作爲專輯名稱。

「因爲我聽過的童話故事中，最喜歡的故事就是人魚公主。」

葉允橙拿著手機躺在床上，緩緩閉上眼睛，他還記得國中第一次在學校圖書館讀完人魚公主的故事，那股驚豔與嚮往的感受。

「人魚公主在救了王子後，對王子念念不忘，爲了見到王子，公主與女巫交易，捨棄美妙的歌聲、告別親朋好友，孤身一人離開熟悉的海洋來到地表。她很清楚若無法跟王子結爲連理，迎接她的只有悲慘結局，卻依然做出這個決定。」提到喜愛的故事，葉允橙便侃侃而談，「你不覺得人魚公主很有勇氣嗎？換作是我肯定做不到，我就是條鹹魚，沒那個勇氣。」

「有勇氣又如何？她最後還是死了。我要是她，會請女巫把王子變成一條人魚，可憐的王子在海裡誰都不認識，唯一能依賴的人只有我，哪需要擔心情敵。」

這次換葉允橙無話可說。

「當然，要是他敢愛上別條人魚，我就把他帶到一條魚都沒有的陰暗海溝裡過著兩人生活。這樣他除了愛我沒有其他選擇，皆大歡喜。」

「這麼做會被王子討厭吧？」葉允橙懷疑地問。

「誰知道呢？說不定王子喜歡呢。」方安洛含著笑意回應，隨後他冷不防想到一件事，語氣陡然嚴肅起來，「等等，我想到一個問題，人魚能做愛嗎？」

葉允橙感覺方安洛的男神形象在他心裡碎了一塊，雖然他明白男人之間開幾個黃腔挺正常的，可這是他的偶像……

方安洛偏偏還在電話裡認眞地補充：「如果不能享受魚水之歡，確實得考慮要不要變成人魚。」

「重、重點在這裡嗎？人魚公主又不是爲了魚水之歡才變成人類的！」葉允橙忍不住爲他的另一個偶像人魚公主做出反擊，「還好你不是人魚，眞是太糟糕了……」

「是呢，如果我是人魚，你可得離我遠一點。」手機傳來方安洛充滿磁性的笑聲，「說不定哪一天，我就會忍不住把你拖進海裡。」

葉允橙默默按下結束通話鍵，他腦袋一片空白，回過神後才發現自己幹了什麼。

「我什麼都沒聽到、什麼都沒聽到……」葉允橙翻過身，用枕頭蓋住自己的頭。

那天晚上，葉允橙做了一個夢，他夢見自己躺在許晉元家的沙發上，感到前所未有地安心。

他記得在高中時期，許晉元的家是他最常待的地方。

「還是你家最舒服了，眞想永遠待在這裡。」葉允橙長嘆一口氣，舒服地挪了挪身子。

「我會跟你收房租。」許晉元語氣淡漠，他盤腿坐在矮桌前，一邊玩掌機遊戲一邊回頭對他說道：「你眞的不打算回家嗎？」

葉允橙沒有回答，他已經一個禮拜沒有回家了。

在這七天裡，葉允橙覺得自己從未如此自由輕鬆過，他將課業拋到腦後，跟著高中朋友們到處玩樂串門子。他們跟他說，這才是一般高中生該有的生活。

縱使與原本的生活完全脫節，但葉允橙很享受，也認爲這麼做沒什麼不對，暑假本來就該輕鬆一點。

「你有看到網路上那則討論嗎？」

「什麼討論？」聽到許晉元帶有猶豫的提問，葉允橙疑惑地坐起身，「我手機已經關機很久了，這個禮拜幾乎過著與網路隔絕的生活。」

許晉元沉默片刻，最後緩緩開口：「方安洛被人控訴誘拐未成年高中生，現在網路上都在討論這件事。」

「什麼？」彷彿一桶冰水澆在葉允橙身上，他跳了起來，震驚地瞪大眼睛，「怎麼回事？他向來很愛惜羽毛，不可能做這種事！」

許晉元從影音網站上找到當前最熱門的那個影片，在葉允橙面前播放。

只見方安洛帶著肅穆的表情，在影片中以凝重的語氣說道：「我很抱歉，因爲這件事占據了社會新聞版面，我必須重申，我不鼓勵任何粉絲放棄學業追星，發生這種事並非我本意。我很希望能幫助那位擔憂孩子的父親，所以想藉此機會告訴那位離家的小粉絲，讀書是學生的本業，你還年輕，有大好的未來，不該爲了追星而忽視學業，你的爸爸很在乎你，有事要好好溝通，不要讓家人擔心，趕快回家吧。」

葉允橙心底發涼，他沒想到事情會發展至此。

「不是的，我不是……」他跌坐在地上，他腦袋一片空白，內心充滿恐慌，只能無力地看著影片中方安洛以嚴肅而沉痛的表情投下震撼彈。

「而我，也將負起教育粉絲的責任——」

葉允橙猛然睜開眼睛，他從床上坐起，渾身都在冒冷汗。

他怎麼能忘了。方安洛之所以對他這麼好，都是因爲他不知道「那件事」。要是方安洛得知了眞相，絕對會把他推得遠遠的。

葉允橙抹了把臉，走進浴室洗漱，他看著鏡中被水打濕的臉，不斷呢喃：「我只想當他的粉絲，我也只能當他的粉絲。」

他跟誰談戀愛都可以，但絕對不能是方安洛，那會毀了方安洛的演藝生涯。

♪

所幸接下來葉允橙也忙到沒什麼時間跟方安洛聊天，籌備專輯就是一件如此累人的事，從作曲、錄音到母帶完成，每一步驟葉允橙都有參與。除此之外，他還得拍MV與宣傳照，以及籌備個人專輯發售後的簽唱會。

專輯還沒發售葉允橙已經累得不行，他趴在會議室桌上，看著堆成山的專輯，想到這些都要簽名便一陣頭痛。

「這些限量簽名專輯看起來一點都不限量，我得簽多少張啊？」當年他發售第一張專輯時也沒那麼誇張，簽完這些他的手大概都要廢了。

藍星音樂的美編頭也不抬，一邊趕製手工感謝小卡一邊表示：「才五百張而已，家麟哥本來想讓你簽更多呢。」

葉允橙一陣無語，更可怕的是，五百張還不是全部，簽唱會上他又得簽一堆專輯。

待葉允橙忙完，月亮都高掛在天上了。他離開藍星音樂辦公室，搭計程車回家時，方安洛傳來一則訊息。

「要不要過來？我們在你公司附近。」

隨後方安洛傳了一張圖，是他跟《對鬼彈琴》的劇組人員在餐酒館的照片，聚會成員大多都是演員，除了未成年的黃樂雅外，其他人幾乎全到齊了。

葉允橙不確定自己過去是不是好主意，他想見方安洛，卻又不太擅長拿捏距離。正當他猶豫時，方安洛又補一句。

「夏予青要你一定要過來，飯錢她出，人來就對了，她有話跟你說。」

葉允橙神色一僵，難道夏予青發現了什麼嗎？

如果夏予青多嘴跟方安洛講了什麼就糟了，葉允橙回覆訊息，表示自己馬上就來，並讓計程車司機轉了個方向，往餐酒館開去。

這座都市的夜晚既繁華又絢爛，當他抵達目的地時，餐廳裡人滿爲患，儘管如此，葉允橙一眼就看到坐在餐廳角落那群長相出色的演員們。

附近幾桌的客人頻頻回頭，有些人似乎認出了方安洛等人，興奮地竊竊私語，這讓葉允橙感到些許驕傲。認出來是理所當然的，那桌有他的偶像方安洛，這位家喻戶曉的大明星。

葉允橙含笑走過去，打了聲招呼，隨後便看到方安洛微眯的雙眼與上揚的嘴角。這個笑容讓他有些心臟無力，他正想開口，下一秒卻被人揪住衣領。

「喂，葉允橙，」夏予青因酒醉漲紅著臉，動作粗魯地將他拉過來，狠狠瞪著他，「你要對我負起責任！」

此話一出，整桌的人都安靜下來。

《對鬼彈琴》的演員們神色各異，有人神情震驚，有人面露尷尬，也有人假裝什麼都沒聽到繼續喝酒。因爲大伙的注意力都被吸引過去，沒人注意到方安洛臭著一張臉。

「都怪你，我照著你的建議改了選曲，結果老師生氣了，從小到大第一次有人這麼凶我！我說不然改回來，老師又不讓我改，甚至比以前嚴厲了十倍地教我，你知不知道我這幾個禮拜是怎麼熬過來的？那首〈黑鍵練習曲〉現在我閉著眼睛都能彈！」

聞言，葉允橙露出了笑容，將夏予青的手拉開，「那不是很好嗎？妳肯定能表現得很出色。」

「可我快累死了，你有沒有聽出重點啊，我快累死了！」

「反正也就這一次，等電影拍攝結束後妳就可以辭退他了。」

「你以為很容易嗎？我爸媽好像很滿意他，打算讓他之後都來教我鋼琴！」

葉允橙忍不住笑出聲，這個反應讓夏予青氣得拍打他。

「你笑什麼，有什麼好笑的？」

「他們感情很好？」一名小演員悄聲詢問身旁的同伴，「之前大小姐不是很討厭葉允橙嗎？」

另一名演員聳肩，眾人面面相覷，沒人知道這是怎麼回事。

方安洛很不高興，在他看來，夏予青簡直厚顏無恥，葉允橙明明是看在他的份上才來的，結果現在搞得好像夏予青跟葉允橙關係才是最好的。

「好了，允橙當初只是給建議，」方安洛不著痕跡地挪到兩人中間扮演和事佬，「決定權終究在妳身上不是嗎？怪不得別人。」

「我不管，我就是要他負責！」喝醉的夏予青蠻不講理，手指著葉允橙嚷嚷，「我是聽你的話才練〈黑鍵練習曲〉，如果正式開拍時我彈得不好你必須負責！拍攝那天你要過來看，聽到沒有？」

葉允橙正要開口，方安洛搶先一步替他回答，「他沒必要來看妳。」

此話一出，氣氛爲之凝結。

看著夏予青呆愣的表情，方安洛驚覺自己不小心講出真心話，他咳了一聲，重新包裝用詞，「我是說，葉允橙最近很忙，那天不一定有空，非必要的話別讓他跑一趟。」

此外，因爲那場戲會在昏暗的環境裡拍攝，對葉允橙十分不友善，坦白說他不希望葉允橙過來。

方安洛沒辦法直接說出原因，正當他思考著該怎麼暗示當事人時，葉允橙溫吞地開口了：「嗯，對……我最近在準備專輯，要做的事很多，不一定有時間。」

夏予青立刻說了一個日期跟時間，剛好那天晚上葉允橙沒事。

「那個時間我應該可以，明天我再跟經紀人確認一下。」

「說好嘍！一定要來，要——」

「我知道。」葉允橙打斷夏予青的話，露出一絲無可奈何的笑，「我會負責的。」

一個比較活潑的演員在旁邊吹口哨，其他人也笑著起鬨。

葉允橙裝作沒看見，默默入座，聽大家討論起近日的拍攝狀況。

雖然他不是《對鬼彈琴》的演員，可他是方安洛跟夏予青親自邀來的，加上他確實在拍攝電影的期間提供過幫助，所以沒人對他在這裡有意見。

葉允橙從大家口中得知最近工作進展不錯，照這進度下去，《對鬼彈琴》有望在月底殺青。

「這是我第一次拍鬼片，我以爲拍鬼片跟拍其他片大同小異，想不到能搞出這麼多事。」

「你是指三大怪談嗎？」

「對，三大怪談！」

興許是大伙喝開了，演員們興致逐漸高昂，提到這個話題，好幾人笑成一團。

「什麼怪談啊？你們眞的遇到鬼了？」葉允橙感到很好奇。

「可見你太久沒來了，居然不知道三大怪談。」一名在劇中飾演女主角同學的演員拍了拍他的肩，開始娓娓道來：「《對鬼彈琴》專屬的三大怪談——攝影機怪談、學生怪談、葉允橙怪談。」

聞言，葉允橙頓時感到一陣無語。

「第一個怪談想到就好笑，有一次拍完後主攝影機沒畫面，那時氣氛很陰森，大家還以爲鬧鬼了，結果是攝影機的記憶卡沒裝。」

想到要整段重拍，葉允橙由衷地表示：「這眞的太可怕了。」

「學生怪談則是導演在檢查畫面時，看到好幾個狀似學生的模糊人影，大家嚇得渾身發毛。正當我們討論是否重拍這一段時，一群學生從角落跑出來——原來剛剛他們在旁邊偷看時不小心入鏡了。」

「這群小屁孩還叫我們把他們加進臨演名單中。」夏予青一口乾了半杯酒，忿忿不平地說：「一群白痴，臨演是他們說當就可以當的嗎？最後當然是請學校警衛把他們帶出去了。」

「最後一個相信你很清楚了。」飾演學校警衛的演員對葉允橙嘻嘻一笑，讓葉允橙很是尷尬。

「至今依然沒人知道爲何你會在停電時瘋狂彈琴，說眞的，當時我在樓下，感覺你的琴聲越來越快、越來越有壓迫感……聽得我整個人都毛了起來。有人說你中邪了，也有人說你在逗予青……」

葉允橙正愁要怎麼找理由，對方的打趣正好給他一個台階下。

「對啊，我、我只是在逗予青而已！她一直要我彈琴給她聽，既然如此，那我就一次彈個夠，反正譜我本來就背得很熟，沒想到會引起這麼大的恐慌。」葉允橙看向夏予青，摸了摸後腦杓，用拙劣的演技表示歉意：「不好意思，當時只是想逗逗妳，沒想到把妳嚇著了。」

「你還敢說！」

方安洛正好看到幾名男演員交換眼神，他們的眼神透露著遺憾，顯然這幾名男演員對夏予青有意，而他們現在認爲葉允橙和夏予青似乎關係更加親近。

方安洛眞心感到不屑，這群直男完全沒看出葉允橙對夏予青根本沒意思，葉允橙喜歡的人是他，光從入坐時葉允橙毫不猶豫選擇他旁邊坐下就知道了。

「你們現在算是扯平了吧？予青之前對允澄也不怎麼客氣。」方安洛插話。

葉允橙點點頭，夏予青則哼了一聲，別過頭喝酒。

方安洛嘴角勾起一抹得逞的弧度，故作認眞地表示：「予青，妳是最該跟葉允橙道歉的人，之前妳說了滿多他的不是，我想在場的人都聽過？」

他瞄了一眼葉允橙微愣的表情，再環顧紛紛沉默的眾人，笑著說道：「難道我聽錯了？那時我還跟妳說過，不了解的事就不要亂說。」

見方安洛這麼不給她面子，夏予青也知道自己這次犯的錯有點嚴重，然而她不是會輕易道歉的類型，她默默把自己的酒杯重新倒滿，一口氣喝乾，然後重重將酒杯放到桌上，「知道啦！葉允橙你儘管點，今天我請客！」

「眞的嗎？我不會客氣喔。」葉允橙興沖沖地拿起菜單。

「我看起來缺那點錢嗎？」夏予青沒好氣地揮了揮手，「點，其他人也是，整桌都我請。」

這一句話點燃了眾人的興致，一行人興高采烈地點了更多餐點跟美酒，可不到一個小時，報應就來了。

「我明明就很努力，沒事就在家練琴，他居然還說我沒盡全力！到底爲什麼啊？我覺得我沒有彈得很差啊！」

完全喝醉的夏予青滿腹怨氣地不停抱怨，她眼神渙散，整個人搖搖晃晃，看起來下一秒就會倒在桌上。

葉允橙也好不到哪去，他喜歡帶有甜味的飲料所以點了雞尾酒，哪知道這雞尾酒這麼烈，他喝一杯就不行了。

他的腦袋昏昏沉沉，夏予青的話讓他越聽越氣，忍不住跟著抱怨：「眞是太可惡了，他根本不知道妳背後經過多少努力，什麼也不了解就只會批評。這種人最討厭了！」

「就是說，怎麼會有這種人啊？我的老師個性有夠古怪，怪不得到現在連個孩子都沒有。」

「啥？沒小孩？」

葉允橙感到有些納悶，他伸出手，想引起半趴在桌上的夏予青注意，方安洛冷不防捉住了他的手。

「你不能再喝了。」方安洛語帶笑意地將他的手拉回來。

「哦、好……」葉允橙迷迷糊糊地看了一眼夏予青面前的酒瓶，看樣子方安洛誤會了，「安洛前輩好像酒量很好……」

他整張臉發熱，心臟也在酒精的影響下瘋狂跳動，然而方安洛看起來一點事也沒有……等等，他好像根本沒看到方安洛喝酒，在他印象中方安洛都在吃東西。

「你不喝嗎？」

「我有喝啊，你沒看到嗎？」方安洛誠懇地反問。

「哦……」葉允橙點點頭，頓時也不太肯定自己的記憶。

此時，店員跑來告知店裡準備打烊了，葉允橙一看手機，發現竟然已經快要三點了。

「走吧，明天還要拍戲呢……嗝，希望明天不要宿醉……有點喝太多了……」

「走了走了，我現在看誰都像鬼。」

一行人浩浩蕩蕩走出餐廳，有好心的演員表示可以送夏予青回家，不過夏予青一通電話，不到幾分鐘她的司機就來了。

「我跟允橙的家比較近，我們一起坐計程車回去。」方安洛笑著表示，幸虧大家都醉了，沒人疑惑他為何知道葉允橙的家在哪。

大伙各自散去，留下方安洛和葉允橙在路邊等車。

葉允橙扶著額頭，低頭看著自己的腳，神情恍恍惚惚，他腦袋一片昏沉，只接收到方安洛說要跟他一起回去的訊息，他不假思索地開口：「你不能跟我一起回去。」

「為什麼？」方安洛反問。

「我爸爸在家，他不喜歡你，你千萬別過來。」

「你不是一個人住嗎？」

「我一個人住？」葉允橙愣了愣，像是這時候才想起來，「原來我一個人住。」

「你喝醉了。」

「不，我沒有醉，喝醉的人講話沒這麼清楚。」葉允橙很堅持。

「眞的嗎？那告訴我，你是誰、你現在在哪、要到哪裡去？」

「我是葉允橙，我現在在外面，我要回家。」

看著葉允橙努力裝沒事的樣子，方安洛輕笑一聲，眞心覺得這人很可愛。片刻後，計程車來了，他拎著葉允橙上了車，並報上葉允橙家的地址。

「你說你爸爸不喜歡我，這是怎麼回事？」方安洛毫無顧忌地開口提問，他並不忌諱對話被司機聽到，這個司機他認識，是業界出了名的口風緊。

「因爲你不是玩古典樂的。」

方安洛笑意漸深，想不到喝醉後的葉允橙如此誠實，也沒想到葉允橙居然愛他愛到連父親都知情。而岳父挑人的標準竟然不是性別，而是玩的音樂類型，可說是非常獨特了。

「所以他只准你跟古典樂界的人交往？你都成年這麼久了，可以自己決定對象吧？」

葉允橙迷迷糊糊地點了點頭，雖然他不太清楚方安洛在講什麼，但聽起來很有道理。

「你明天婉拒夏予青吧，那場戲有太多會令你不安的要素。」方安洛決定先把話說清楚，明天等葉允橙清醒時他還會再提醒一次，「那場戲會在陰暗的教室裡拍攝，氣氛很壓迫，待在那裡你會出問題的。」

「可是那場戲有你對吧？」聽到關鍵字，葉允橙的理智瞬間接上線，他依稀記得曾經聽人說過那場戲方安洛會坐在夏予青對面彈琴，「我想看你彈琴，我從沒聽過你的現場表演。」

方安洛愣了愣，一時說不出話。

溫家麟曾說過，他家的藝人是真心喜歡他，當時方安洛還不信，現在看來溫家麟當真沒有說謊。

「我想看你，夏予青只是順便，我知道她會彈得很好，根本不需要我。」

這番話讓方安洛聽得心花怒放，頻頻點頭，他還摸了摸葉允橙的頭以示嘉許，「很乖，這麼做就對了。」

雖然他很開心，然而方安洛還是覺得葉允橙沒有必要來一趟。

「你想看我彈琴以後還有很多機會，不差這一次。」

「我已經錯過很多次機會了，而且電影拍完後，我哪有機會跟你接觸！你明白我的心情嗎？」

方安洛忍不住笑出聲，「我現在知道了。」

「很好，你明白的話就不要再阻止我。」葉允橙點點頭，顯得很滿意，「上一個忤逆我的人，已經被我切八段了。」

「那很聽話的我有什麼獎勵嗎？」

「獎勵？」葉允橙喃喃道，他腦袋暈暈的，聽到這個詞直接聯想到上次粉絲們把〈南柯一夢〉的ＭＶ點閱刷破千萬時，他開直播親學弟作爲獎勵的事。

「哦，我要現在開直播嗎？」

「爲什麼要開直播？」

「當然是給粉絲們福利啊。」葉允橙笑吟吟地回答，他最喜歡親帥哥了，誰不喜歡呢？那次直播上親學弟美其名是給粉絲獎勵，其實也是給自己獎勵。

「這跟我要獎勵有什麼關——」方安洛還來不及說完，葉允橙便迫不及待湊上來，親了他的臉頰。

無視方安洛呆愣的表情，葉允橙笑得有些狡猾，「就是這種獎勵啊，我家粉絲最喜歡了。怎麼，你不喜歡嗎？」

第八章　人魚

如果再給葉允橙一次機會，他絕對一滴酒也不沾。

當下他還因爲自己占到方安洛的便宜而感到開心，然而稍晚從床上清醒時，葉允橙立刻後悔了。

「我……我做了什麼……」

他呆坐在床上，茫然了好幾分鐘，雖然昨晚的記憶已經有些模糊，他還是對那個吻有印象。想到當時的場景，他忍不住大叫一聲，恨不得挖個洞把自己埋了。

「等等，我、我……」

他忍著頭痛，跌跌撞撞衝進浴室洗臉，猛然抬起頭看著鏡中茫然的自己，他哀鳴一聲，整個人在洗手台前蹲了下來。

他昨天喝得太醉，不僅在方安洛面前口無遮攔，還親了對方，更誇張的是，他還差點開直播上演親親！還好方安洛阻止他了。

要命，他差點發錯ＣＰ糖，他的粉絲很多只忠於元橙ＣＰ，若是給他們看到那些畫面，絕對完蛋。

葉允橙感覺自己像極了性騷擾偶像的粉絲，居然趁著偶像毫無防備時親上去。

「我得、得道歉……」他回到臥房，拿起手機打了一串道歉文，發送給方安洛後才稍微安心點。

他隱約記得方安洛沒有生氣，還很紳士地把他送回家。這世上怎麼有這麼好的人？葉允橙簡直快哭了。

當然，他也記得自己答應夏予青要去旁觀拍攝的事，說實話他知道自己不該去，但他不想因為怕黑就錯過方安洛的演出。

因為怕黑，葉允橙婉拒過很多活動，那種會在表演前讓台上陷入一片黑暗的演唱活動不接，電影院也不能去，只要陷入黑暗中，他就會覺得恐慌。怕黑已經給他生活帶來諸多不便，要是這次也錯過，他會很不甘心。

為了偶像，沒有什麼不能克服的。他只能如此說服自己。

葉允橙深吸一口氣，隨便抓了幾件衣服套上，走到跟經紀人約好的搭車地點，今天他跟許晉元有公開演唱活動。

待他上了保母車，一看到低頭玩手機的許晉元，立刻露出慚愧的表情坦承：「對不起我緣了你。」

許晉元手一抖，這一次失誤立刻讓他被敵人打得落花流水。

坐在一旁的溫家麟翻了個白眼，類似的話他已經不是第一次聽到了。他不是那種不准藝人談戀愛的經紀人，對於這一切，他只問一句：「沒被拍到吧？」

葉允橙搖了搖頭，對此溫家麟安心了。

「你打算一路綠下去嗎？」

「沒有沒有，我只是一時鬼迷心竅而已。」

「要綠就綠，不用跟我報備。」許晉元頗爲無語，他關掉遊戲，可就在這時，螢幕上跳出葉允橙的訊息。

「對方是方安洛，我親了他。」

看到這則訊息，許晉元收起手機，改口道：「你還是跟我報備好了。」

對象是誰都可以，可牽扯到方安洛事情就非同小可，這件事許晉元最清楚不過。後來當他趁著工作的空檔，聽葉允橙講述昨天整件事的來龍去脈，整個人無奈不已，「你不該喝那麼多。」

他知道葉允橙向來家教很好，不喜歡表現出自己的喜好，凡事也都三緘其口，可一旦喝了酒這份謹慎就會破功。

「我現在後悔已經太遲了。」葉允橙嘆口氣，愁眉苦臉地看了下手機，「雖然安洛前輩說沒關係，但我覺得關係可大了……」

如果讓對方誤會怎麼辦？他一直極力避免這情況的發生，沒想到還是在喝酒這一關破功了。

「事情就是這樣的，我當下很衝動地就答應了夏予青，明知道這樣不好，我還是答應了……」葉允橙對此十分懊惱，「我覺得自己必須克服。如果連這關都過不了，到時候肯定也無法出席電影首映會。」

許晉元點點頭，「確實。」

「我不想一輩子都這樣子，你能再幫幫我嗎？晉元。」

許晉元挑起一邊眉毛，這副熟悉的神情讓葉允橙的思緒想到多年前，他們仍是高中生的時候。

他也問過類似的問題，那時許晉元這樣回答——

不用特地問，你知道我的回答。

許晉元穿著一身皺巴巴的高中制服，漫不經心地玩著手機。

「太帥了吧？」

「要戀愛了，晉元！」

熱音社團的其他社員在一旁鼓譟起鬨，被許晉元煩躁地推開。

「謝謝你，晉元。」葉允橙從散亂的手寫樂譜中抬起頭，眉開眼笑地回應。

小小的練習室裡窩著一群高中生，大伙似乎對葉允橙怕黑這件事感到很新鮮，七嘴八舌地討論該如何克服。

「先去電影院吧，電影要開始播放時，不是會先熄滅燈光嗎？那只是一瞬間的事，接下來螢幕上就會有投影燈光，克服了這個演唱會應該也行吧？」

「白痴，特地去電影院幹麼，直接關掉這裡的燈不就行了？」

「不不不，不行！這裡可是地下室，直接關燈我會嚇到吐！」

「晉元啊，你怎麼想？」

許晉元簡短答道：「電影院。」

既然葉允橙想要克服對黑暗的恐懼，好參加方安洛的演唱會，那電影院的性質應當是最接近的，一樣都是在黑暗中播放各種燈光效果。

「那我們要看什麼？」

「當然是恐怖片啊。」

「可以不要嗎……」

「動作片啦，恐怖片無聊。」

「動作片的聲光效果太刺激了……」

「喜劇片？」

「這個好！」葉允橙從地上跳起來，興高采烈地摟住許晉元的肩膀，「就照學弟說的吧。」

「你是不是偏心？怎麼晉元一說你就答應。」

「人帥眞好，嘖嘖。」

「才不是這樣！」

看著葉允橙慌張的樣子，許晉元沒有多想，直接說出自己觀察到的事：「學長，你臉紅了。」

「我才沒有！」

眾人笑成一團，看著這副光景，許晉元嘴角微揚，他已經開始期待和葉允橙一起去電影院了。

那天他們團練比平時還早結束，轉眼間，一群人便浩浩蕩蕩地來到電影院裡。從踏進影廳開始，葉允橙表現得就像是坐上雲霄飛車一樣，整個人相當緊張。

「我覺得很害怕，等等燈光就要暗下來了……」葉允橙坐在許晉元的右手邊，忐忑不安地左顧右盼。

「你不是想參加方安洛的演唱會嗎？」許晉元問。

「是……」

「不是說不想在現場恐慌發作，造成工作人員的麻煩？」

「對……」

「那就克服它。害怕的話就閉上眼，想想開心的事。」

「開心的事……」葉允橙細細咀嚼這段話，表情逐漸和緩下來，「跟你們一起，就是最讓我開心的事。」

許晉元點點頭，「我們都在這裡，沒什麼好怕。」

當電影院的燈光熄滅時，他聽見葉允橙屏息的聲音，許晉元側頭過去，看見葉允橙用力閉著眼，身體微微顫抖著，渾身都在冒冷汗。

許晉元猶豫一下，正想伸出手，葉允橙的右手邊同時伸出一隻手，那隻手緊緊握住葉允橙，與他十指交扣。

許晉元微微睜大眼睛，他的手僵在空中，最後默默收回。

大螢幕上開始播放其他電影預告，絢麗的燈光效果很快吸引了葉允橙的注意力。雖然葉允橙從頭到尾都僵著肩膀縮在座位上，但搞笑的電影劇情與那隻手大大緩解了他的恐懼。

許晉元隱隱約約聽到坐在學長右側的人，時不時會湊過來對葉允橙說幾句話，把葉允橙逗笑。

在電影結束前，與葉允橙十指緊扣的手縮了回去，彷彿什麼都沒發生一般，可這一切都被許晉元看在眼裡。

其他人沒發現，他們只知道葉允橙看起來沒事，儘管他縮著肩膀，臉色也有些蒼白，臉上卻帶著笑容。

「如何？沒有想像中可怕吧？」

「嗯，比我想像中好很多……」

「我就說吧，你把事情想得太嚴重了！」

在電影散場時，一群人簇擁著葉允橙，嘻笑著問他對電影的感想。許晉元則走在後方，心不在焉地想著剛才的畫面。

是什麼時候開始的呢？若不是親眼看到，他恐怕永遠不會知道。

「你在發什麼呆？我們要下車了。」

當許晉元回過神時，他們已經坐上捷運且到站了，如果葉允橙沒有抓住他的手臂，他可能會坐過站。

他們與還在車上的朋友道別，一同離開了捷運站，走在回家的路上。

兩人家裡住得近，走路幾分鐘就能到。葉允橙自從知道許晉元家在哪後，每天早上都來許晉元家門口等他一起上學，托葉允橙的福，他蹺課的次數大幅下滑，連老師都開口誇讚。

許晉元望著走在前方的葉允橙，與他不同，葉允橙的制服永遠潔白整齊，書包上也沒有塗鴉過的痕跡或吊飾。葉允橙說話總是輕聲細語，笑容內斂而溫柔，他一直認爲葉允橙是那種完美符合家長期待的孩子。

「學長，你喜歡男生嗎？」

葉允橙停下腳步，表情既錯愕又帶著些許慌張。

看著他的表情，許晉元確定了，「我看到你跟申學長牽手了。」

葉允橙沉默一會，自知瞞不下去，只能僵硬地微微點頭。

「很奇怪嗎？」他小心翼翼地問。

「沒什麼好奇怪的。」許晉元聳聳肩，獨自走向前，越過葉允橙。他確實有點驚訝，並非不能接受。

見他神色一如往常，葉允橙放心了，他跟上許晉元的腳步，笑著說：「我跟他說好要一起去看安洛的演唱會，我們很常私下交流音樂……安洛是我們最喜歡的歌手。」

「嗯。」

「你不會告訴別人吧？我還沒打算跟大家出櫃……」

「不會。」

「謝謝你。」

「沒什麼好謝的。」

「怎麼會？」葉允橙拍了拍他的肩，用一副看穿他的語氣調侃道：「我知道你對電影沒興趣，是爲了我才勉強去的吧？」

「沒有那麼勉強，我還是會看電影。」許晉元的回應依舊淡漠，「而且回家也沒事做。」

「你爸媽有說什麼他們時候回來嗎？」葉允橙知道許晉元的父母長年在國外，平日只有他一人獨居。

「沒有，反正沒差，我早就習慣了。」

「那你今天也陪我走回家？反正你回去也沒事。」

許晉元聳聳肩，默默跟著葉允橙的步伐前行。

葉允橙懂他的心情，這也是爲什麼他倆時常湊在一起，他們之間有個不喜歡回家的默契，沒事就喜歡待在社團教室裡練唱。

葉允橙放慢腳步，天南地北地跟許晉元聊天，聊音樂、聊戀愛、聊未來想做的事，也聊到今天的練習成果。

「從今天開始，我覺得黑暗沒什麼可怕的了。因爲我不是一個人，即使伸手不見五指，我還是能感受到你們的存在。」葉允橙闔上雙眼，感覺掌心殘留的溫度，「我想我能克服。」

「你當然可以。」

那時，許晉元認爲這是很輕鬆就能跨越的障礙。就像某些孩子小時候不敢自己睡，長大自然而然就能戰勝恐懼，葉允橙只是克服恐懼的時間晚了點。

他們走到了葉允橙的家，此時夜色已深，葉允橙家的窗戶透出溫暖的黃色燈光，許晉元站在街道上，隱約看見水晶燈在客廳熠熠生輝的樣子。

葉允橙站在家門前，笑著對他揮了揮手，「明天社團見。」

「嗯。」

目送他走進家門後，許晉元又站了一會才準備轉身離開，一個淒厲的慘叫聲驀地從他身後那扇門傳來。

「我錯了！我錯了！對不起！」

那是葉允橙的哭喊聲，聲音裡充滿恐懼與絕望，聽得許晉元心臟狂跳。

他衝回大門前，拚命按電鈴，他也不曉得該怎麼辦，只能憑本能去做。所以當他看到一個高大的中年男子從屋內走出來，狠狠瞪著他時，整個人呆愣在原地，什麼話也說不出來。

「滾開！再亂按電鈴我就報警！」男人狠狠把他推到街道上，用力關上大門。

「等等！」許晉元從地上爬起來，用力拍打大門，「聽我說！」

他心急如焚，趕緊掏出手機撥電話給葉允橙，卻撥不通。他又按了好幾次電鈴，可再也沒有人應門，原先明亮的水晶燈熄滅了，整棟屋子陷入一片黑暗。

許晉元站在大門前，雙手垂下，無助地低頭靠在門板上。

他終於明白，有些事不是想克服就能克服。

「晉元、晉元……」

不知何時，葉允橙虛弱的聲音從許晉元身旁傳來，他回過神，看向坐在身旁的學長。此刻他們坐在電影院的長椅上，沒有可怕的中年男子，也沒有令人絕望的咆哮聲，兩人穿的也不是高中制服，他們已經高中畢業很久了。

許晉元看著葉允橙蒼白的神色，總算想起他們坐在這裡的原因。

白天葉允橙請求他幫忙克服心理陰影，所以在工作結束後，他們來到電影院看午夜場的電影。

他們挑了一部喜劇片，一開始還算順利，無奈電影有好幾個主角待在陰暗房間的畫面，看得葉允橙又恐慌發作。見他撐不下去，許晉元便把他拉出影廳，挑了個最明亮的地方休息。

即使葉允橙嚇到虛脫，然而想到許晉元方才的臉色，仍舊撐起身子關心他：「你剛剛怎麼了？」

許晉元搖搖頭，「沒事，只是想到過去的一些事。」

「聽你這麼一說，我也想到了。」葉允橙苦笑一聲，表情顯得相當沮喪：「那時你和其他社團朋友在團練結束後陪我看喜劇片，我順利看完了整場……現在卻變得更嚴重了。」

許晉元思考了一下，抬頭環顧四周，由於時間已經超過晚上十二點，逗留在電影院的客人只剩小貓兩三隻。

眼看沒有人在注意他們，許晉元朝葉允橙伸出了手，以平淡無波的語氣說，「要牽手嗎？」

葉允橙與他對視，嘴角緩緩上揚，將手放到許晉元的掌心上。闔上雙眼，忐忑不安的心逐漸平靜下來，他一直渴望有隻手能與他十指相扣，也很慶幸，許晉元看穿了他的心思。

「好溫暖……抱歉，讓我牽一下，我很快就會好了。」

許晉元短短應了一聲，溫柔有力地扣住葉允橙的手，如今只剩下自己會陪他看電影，他不可能拒絕這個請求。

隔天，溫家麟站在辦公室裡，神色陰森地瞪著自家的兩位藝人，「嗯，雖然多次跟你們講過，我不干涉你們的戀愛自由，只求你們保持低調以及適時跟我報備，沒想到你們連這點都做不到……」

他把手機甩在桌上，螢幕上正是兩人在電影院裡十指相扣的照片。

「我不值得信任嗎？你們要談戀愛不跟我說，還選在這種人來人往的場所！」

兩人看了一眼照片，都選擇沉默以對。

由於半夜的電影院沒什麼人，他們又戴著口罩和帽子，便以爲自己不會被認出，沒想到還是被粉絲發現且拍下照片放上網路，不到一天便引起話題。

「回答啊！你們又不是什麼名不見經傳的小藝人，還像這樣大刺刺去看電影、在外面牽手，難道沒有想過會被拍到嗎？」溫家麟氣死了，他以爲以他們的交情，這兩人若是交往了他會第一個知道。對於要怎麼讓自家藝人出櫃他早就有一系列的計畫，結果一切全被這張照片打亂了。

「我們沒談戀愛。」許晉元淡定地回答。

「沒談戀愛還十指相扣，這是哪門子的朋友？」

面對溫家麟的質問，許晉元張嘴欲言，但理由太複雜了，他實在難以解釋，最後只能鬱悶地閉上嘴。

「不是，我們在做適應黑暗的訓練，」葉允橙吞吞吐吐地開口辯解，「牽手會讓我好過一點，所以當下就……牽了一下。是我的錯，對不起。」

「你道歉幹麼？我又沒有反對你們交往，只是很納悶你們爲何不直說？」溫家麟難以置信，事到如今這兩人居然還想否認。

「眞的沒有交往。」

「我想看安洛前輩彈琴，所以就請晉元陪我去看電影，然後就變成這樣了……」葉允橙慌張地想把事情解釋清楚，然而他發現這段話毫無邏輯，便開始自暴自棄，「反、反正我們本來就是螢幕情侶，被拍到又怎麼了？」

溫家麟沉默了，他總不能說這樣會打亂他的撈錢計畫。

這份沉默讓葉允橙站穩了腳跟，他挺起胸膛理直氣壯地說：「我們即使鏡頭外也如此盡責地扮演情侶，這不是值得嘉許的事嗎？」

許晉元點頭如搗蒜，跟著附和：「隨機給有緣的粉絲發糖。」

說不過兩人，溫家麟又拋出另一個問題：「那你們要怎麼跟粉絲解釋？」

這確實是個好問題，葉允橙知道像剛才那樣否認只會顯得欲蓋彌彰。他忍不住看向許晉元，想知道對方的想法。

「不用解釋。」許晉元搖搖頭，一副沒什麼大不了的樣子，對他而言這些只是芝麻蒜皮的小事，他根本懶得管。

「沒錯，不用解釋。」葉允橙倒是品出了另一種意思，與其遮遮掩掩，不如正面迎擊，搞不好大部分的人還比較相信他們是在演戲。於是他鬆開了眉頭，笑著對溫家麟說道：「大方承認就好了，因爲我們是CP啊。」

「事情的眞相就是你們看到的那樣，還需要解釋什麼嗎？」

於是，當天下午粉絲們在點開兩人的一日品牌店長直播影片時，便看到葉允橙對追問的記者露出甜笑，故作羞澀地回答。

「我們從高中時就會一起去看電影，那天被拍到正好。」許晉元也堆起笑容，還光明正大在鏡頭前直接與葉允橙十指交扣，「讓大家知道，學長的手只有我能牽。」

芝麻珍珠看得目瞪口呆，連叉子上的蛋糕掉到地板上都沒發覺。

「我嗑的CP果然是眞的！」坐在對面的可可珍珠興奮到從椅子上跳起來，引來咖啡廳其他客人側目後，她趕緊輕咳一聲，裝作沒事坐了回去。

「眞是太過分了，官方逼死同人。」香草珍珠看得津津有味，趕緊截圖貼到群組上。

「晉元眞的太會了，怎麼這麼會，我的天……」平日口若懸河的芝麻珍珠也興奮到語無倫次，她低頭摀住嘴，腦子裡像是炸起了好幾朵煙花。

一大早她便看到網路上流傳元橙CP在電影院十指交扣的照片，趕緊約了幾個關係比較好的同好出來。放假還有照片可以嗑糧已經夠幸福了，想不到這還不是全部的糖。

她們剛剛就在討論元橙CP是不是玩眞的，因爲那張照片完全呈現了兩人私下相處的狀態。他們的手像是情侶一般緊緊牽著，怎麼看都像在談戀愛。

「受不了，晉元螢幕上跟私底下眞的差好多。」香草珍珠用攪拌棒把咖啡攪出漩渦，神情幸福得像是踩在雲端上：「上次那個錄音檔，還有這張偷拍照都透露出他其實私下還滿冷的，對學長的心意卻是眞的。」

「雖然我也希望他們是眞的，不過這應該是鬧著玩的，我男友說晉元看起來就是喜歡異性的直男。他大概是在演戲，別抱太大希望。」芝麻珍珠對此有些忐忑，畢竟期待越大失望也會越大。

「會不會他們故意假裝這一切都是演出來的，可實際上是眞的？」名偵探可可珍珠狐疑地重播影片，「只要他們大方承認，我們就會以爲他們又在賣腐。當我們這樣認爲時，就已經踏入了他們的陷阱。」

「太心機了吧，怎麼可能？」

「怎麼不可能？」

三人面面相覷，誰也沒有再說話。

她們都是已經踏入職場的社會人士，一個是自由接案的職業攝影師，一個是朝九晚五的上班族，一個是本月業績又拿第一的業務。三人對娛樂圈的行銷手段也有點認知，但現在情況撲朔迷離，無法確定元橙CP這波操作是眞是假。

「不過話說回來，橙橙看起來好單薄虛弱的樣子，還好老公有跟著。」

聽到香草珍珠這樣講，另外兩位珍珠頻頻點頭。

「會不會是最近籌備專輯太累了？要適時休息啊。」

「還是電影太催淚了？」

「學長都這麼忙了還出來看電影，身爲學長的貼心學弟，應該送橙橙學長回家，順便幫他按摩才對啊。」

可可珍珠話一出，另外兩位珍珠驚訝得彷彿發現新世界。

「然後放好洗澡水，問學長說你要先洗澡還是先吃我！」

「這是什麼新婚夫妻的相處模式，小嬌妻學弟太香了吧！快點在群組標記仙人掌珍珠，求她務必把後續畫出來！」

♪

元橙CP牽手被拍到，成了粉絲們津津樂道的話題，不是粉絲的群眾則見怪不怪，呼籲他們與其在那邊掩飾不如早點正式公開戀情。

幾乎所有人都默認這兩人是一對，唯獨某人。

「我問妳，如果有一個男人昨天親了妳，隔天又跟別人牽手看電影，妳有什麼想法？」

「當然是賞那個渣男一巴掌。」

陳玥莫名其妙地看著自家藝人，不明白爲何方安洛問她這種問題。

「如果那個男人平時比較害羞，喝醉了才親妳，隔天他清醒後就跟別人牽手看電影。這樣呢？」

「那他親我可能只是一時意亂情迷吧，正宮應該是一起看電影的那位。」

方安洛被打擊得一時說不出話來。

陳玥沒好氣地開口：「你可以專心在劇本上嗎？今天要拍那場戲很重要，是這部片的高潮。」

「我知道。」方安洛直接把劇本放到一旁，闔上了雙眼，「跟夏予青鬥琴對吧？這段戲最重要的是透過彈琴表現出兩方對峙的張力。」

他早就把琴譜背得滾瓜爛熟，也有信心在氣勢上不會輸給夏予青。他只擔心葉允橙觀戲會不會出問題，教室場景如此昏暗應該會引起他的不適……等等，不適？

既然葉允橙怕黑，那他爲什麼會去電影院看電影？方安洛這才察覺有異。

此時，休息室外傳來夏予青清亮的嗓音，「你怎麼這麼慢？我還以爲你不會來了！」

「我當然會來，不是都答應妳了嗎？」

聽到熟悉的聲音，方安洛立即站起身，大步走向門口。

葉允橙正站在門外和夏予青說話，一與方安洛對上眼，臉上立刻綻放笑容，「安洛前輩，好久不見。」

雖然持續保持聯繫，但他們自從上次聚會過後就沒再見面了。方安洛光從葉允橙近乎眷戀的目光就能看出對方很想他。

他的嘴角止不住地上揚，礙於旁人在場，他只能禮貌又克制地握住葉允橙的手，「今天要麻煩你了。」

方安洛發現葉允橙的手相當冰涼，仔細一看，發現葉允橙的黑眼圈頗爲顯眼，這讓他越發擔心，正打算找個藉口讓對方留下來，然而葉允橙先開口了。

「不麻煩，我先去拍戲現場看看。」葉允橙彷彿被燙著一般迅速抽回手，僵著笑容回應，「走吧，予青，時間允許的話我想先在現場看妳彈一次。」

「哦，好啊。」夏予青已經不介意葉允橙以老師的身分自居了，她笑著跟方安洛揮了揮手，踩著愉快的步伐跟上葉允橙。

陳玥從休息室中探出頭，訝異地看著並肩離去的兩人，「他們什麼時候關係變這麼好了？」

「誰知道。」方安洛轉身走回休息室，語氣顯而易見地不開心。

陳玥覺得這人脾氣來得莫名其妙，不過也幸虧方安洛只在熟人面前才會將情緒表露於外，其他時候還是能勉強維持住親切有禮的人設。

「要戀愛諮商還是幫朋友鑑定渣男什麼的，我之後再幫你做，不管怎樣，你先演好這場戲。」

「我會的。」說是這麼說，可方安洛現在不太有把握了，他怕自己在拍戲的過程中忍不住看向葉允橙。

葉允橙一直活得小心翼翼，除了方安洛以外，整個劇組沒人知道他嚴重怕黑，要是在這一場戲破功，甚至有謠言傳出去，後果簡直不堪設想。根據方安洛的經驗來看，要是葉允橙多了一個怕黑的人設，恐怕有些人會故意捉弄他，反正事情發生後再補充一句這是為了節目效果、只是純粹想逗對方就完事了，只有當事人才知道這件事有多嚴重。

方安洛嘆息一聲，在化妝師上完妝後，便前往拍攝現場。他一眼便看到坐在導演附近的葉允橙，葉允橙閉著雙眼，嘴唇不斷蠕動，似乎在喃喃自語。

他默默走到葉允橙身旁，這才聽清楚對方在說什麼。

「想想開心的事、想想開心的事……」

方安洛興致一來，俯身湊到葉允橙耳邊低聲道：「那就想著我吧？」

葉允橙猛然睜開眼睛，吃驚地與方安洛對視，耳根微微泛紅。

見狀方安洛的心情瞬間好了不少，他微微一笑，拍了拍葉允橙的肩膀，隨後走向教室的門邊，等等他會從這裡登場。

方安洛深吸一口氣，專心進入角色的情緒裡。他知道，若要讓葉允橙好過一點，最好的辦法就是一次拍完。

所以當導演宣布開拍時，站在那裡的不再是方安洛，而是一名神情堅毅的高中音樂教師。

「妳想要的不就是對手嗎？」方安洛邁步走進教室，坐到血跡斑斑的鋼琴椅上，瞪著坐在對面另一台鋼琴前的女鬼，「我來當妳的對手。」

夏予青嘴角詭異地上揚，而後將手指放到琴鍵上。

老舊的教室掀起一陣狂風，沾滿血跡的琴譜被吹得四散在地。在兩位主角的對視下，天花板慘白的燈光猛然熄滅，黑暗幾乎吞噬了整間教室。

燈光師舉起燈光，用唯一的光源照亮兩位主角的側臉。

葉允橙站在黑暗中，死死盯著方安洛。

他渴望這一幕很久了，像這樣親眼看方安洛表演，哪怕不是唱歌而是彈琴，他都不想錯過。他不能以粉絲的身分出現在方安洛面前，也不能去電影院支持他，像這樣以工作伙伴的身分旁觀的機會，一旦錯過就不會再有了。

這份執念讓葉允橙在黑暗中看到了光芒，他發現自己沒有想像中那麼難受。

不論是琴鍵上飛舞的指尖，還是那雙堅毅的眼眸，都深深吸引著他。一段段激昂的音符迴盪在他耳邊，讓他的心怦怦作響。

葉允橙被這段演奏震懾，方安洛從演技到演奏，一舉一動都深深吸引著他，猶如太陽般耀眼。

像是有生以來第一次體會到陽光的溫暖般，他的眼眶發酸，難掩激動的情緒。

然而就在下一刻，一道沉重的旋律猶如浪濤般襲來，將葉允橙一舉帶入了記憶的深海中。

〈黑鍵練習曲〉這首曲子是夏予青的選曲，也是他閉著眼睛都能彈的一首歌。

葉允橙的目光落到夏予青身上，她正襟危坐，彷彿一具彈琴機器，完美地敲下一個個音符，彈得無可挑剔，葉允橙彷彿看見了自己。

「想想開心的事、想想開心的事……」他在內心不斷喃喃，並且重新看向了方安洛。

那些熟悉的旋律不斷敲打著他的心，讓他臉色越發蒼白，身體狂冒冷汗，其實他不怕那些旋律，只是害怕在黑暗中聽見。

直到此刻，葉允橙才發現自己太過天真，不論他如何掙扎都擺脫不了那份恐懼。

他的視線變得模糊，再也看不清眼前的人。他開始感覺喘不過氣，甚至有些頭暈想吐，迴盪在耳邊的旋律與眼前的黑暗是如此熟悉，讓他身體止不住地顫抖。

他摀住嘴，趁著還有幾分理智，拖著凌亂的步伐離開了拍攝現場。

不論他跑得多遠，那些旋律仍然如鬼魅般追在他身後，拖住他的雙腳，讓他的每一步變得沉重無比，黑暗的長廊彷彿沒有盡頭，不論他走到哪都找不到出口。

「拜託，不要……」葉允橙左顧右盼，神情恐慌無比，他失去了冷靜，一心只想離開這裡，「我一定會做得更好，拜託不要讓我待在這裡……」

「那你知道該怎麼做。」

在極度恐懼之中，他聽見了熟悉的冷漠嗓音。

葉允橙猛然轉過身，這一回眸，他發現自己坐在鋼琴前，旁邊站著被他稱作父親的男人。

「彈成這樣，你自己都不覺得丟臉嗎？」葉允橙的父親一把將樂譜甩到他臉上，聲音猶如怒雷陣陣響起，「你不是說已經全背起來了嗎？現在是怎麼回事！」

年幼的葉允橙坐在琴椅上瑟瑟發抖，唯唯諾諾地解釋：「我、我沒彈錯，只有一段抓錯節拍……」

「這樣你就滿足了？其他人在你這年紀早就開始練更困難的曲子，而你呢？連簡單的曲子都彈成這樣，你拿什麼跟人家競爭！」

「我……」

「你就在黑暗中給我好好反省，在達到我的標準前不准出來！」男人憤怒地關上燈，大步走出琴房，將門上鎖，「反正你不是已經背起來了嗎？閉著眼睛彈也沒差吧？」

葉允橙嚇得嚎啕大哭，他拚命拽著鎖住的門把，在裡面哭喊：「我錯了，爸爸我錯了！不要將我丟在這裡！」

可不論他怎麼喊，父親都不會回應他的，想從這令人窒息的地方出去，唯一辦法就是彈琴。只要得到父親的認可，他就能出去了。

「不彈不行、不彈不行……我會彈好，我一定會讓您滿意……」

葉允橙神情慌亂地尋找著鋼琴，最後連燈都沒開就坐到了琴椅上。

他急切地將手放到琴鍵上，發了瘋似的開始彈琴，好似唯有這樣才能擺脫黑暗。然而他的手顫抖得厲害，導致他不斷彈錯，這讓他更加緊張恐懼。

「不、不、不，我可以彈好的……」葉允橙重彈了好幾次，可越慌亂越容易出錯，這讓他絕望又痛苦，最後忍不住痛哭出聲，「對不起、對不起……再給我一次機會……我一定會做得更好……」

他知道哭也沒用、求饒也沒用，他一定得彈琴，否則會被拋棄。然而他的旋律破碎不堪，每一個音符都搖搖欲墜。

葉允橙再也看不到光芒，這逼得他幾乎崩潰，就在這時，有人從背後緊緊抱住了他。

「別彈了……乖，已經沒事了……」

白光猛然乍現，照亮了整個房間，葉允橙愣了愣，腦袋一片空白，他看見陌生的琴房，感覺到一個強而有力的擁抱，從未有人在黑暗中這樣擁抱他，這把他拉回了現實。

他左顧右盼，彷彿大夢初醒般從椅子上彈起，一眼便瞧見杵在他身後的方安洛。

「安洛？」他腦袋一片混亂，分不清自己到底在哪裡，看到方安洛，他內心有股悲傷油然而生，眼淚再度滑落。

方安洛將他重新擁入懷中，一手摸著他的後腦，一手緊緊攬住他的腰。葉允橙再也壓抑不住情緒，緊抱著對方哭出聲。

「現在沒有人會逼你，已經沒事了。」

方安洛溫柔的嗓音迴盪在葉允橙耳邊，讓他漸漸平靜下來，他想起自己為何待在這裡，也明白自己又錯過了方安洛的表演。

「對不起……對不起，我……以爲我能克服……」

「沒關係。」

「我沒有妨礙到你們拍攝吧？」

「當然沒有，你放心。」

爲了一次過關，方安洛全心投入拍攝，直到導演喊卡，他才發現葉允橙不見了，問了劇組其他人，沒人知道葉允橙是何時離開的。

就在此時，遠方隱隱約約傳來鋼琴聲，而且還是方才夏予青彈過的〈黑鍵練習曲〉，眾人臉色發青，一時之間誰也不敢去確認，只有方安洛二話不說便衝向了琴聲來源處。

當他接近琴房，便聽見破碎凌亂的琴聲裡夾雜著葉允橙的哭聲，他的心不由得狠狠一揪。

琴房的門是敞開的，葉允橙獨自在黑暗中彈琴，神情驚懼。

方安洛趕緊關上門，打開琴房裡的燈，從身後緊緊抱住葉允橙。直到此刻，他才明白葉允橙是抱著什麼樣的覺悟來到這裡。

「你做得很好，不用再彈了。」他一遍又一遍地柔聲安撫。

他的安撫特別有效，葉允橙很快恢復過來。青年微微與他拉開距離，抹了抹泛紅的眼眶，難堪地摀住臉。

方安洛拉開他的手，輕輕在對方的額頭落下一吻。

「橙橙，你先去車上等我。」

雖然他很想陪著葉允橙，但現在不是時候。劇組的人很快就會過來關心，大家都想知道到底發生什麼事，葉允橙哭得眼眶紅腫，神情還十分憔悴，肯定會引起注意。若隔天出現「知名歌手在拍攝現場崩潰痛哭」之類的新聞標題，不僅藍星音樂的人會恨死他，他也不希望這種消息傳出去。

方安洛拉著葉允橙走出琴房，一路上小心避開其他人，回到演員休息室後，他將車鑰匙塞到葉允橙手上。

「別擔心，剩下的我會處理。」臨走前，方安洛摸摸葉允橙的頭，給他一個令人安心的微笑，「我會盡快完成剩下的工作，你先在車上休息。」

葉允橙還來不及說什麼，方安洛便轉身急忙回到拍攝現場。

他摸摸鼻子，對偶像感到抱歉，不過他現在確實不適合見人，所以也只能忐忑地走到停車場，坐上方安洛的車。

他依照方安洛的囑咐，打開車內的燈，車裡隱隱約約飄散著方安洛的香水氣味，這股味道讓葉允橙安心不少。他靠在椅背上，揉了揉紅腫的眼睛，心有餘悸地想著方才的事。

忽然，放在腿上的手機響了，他接起手機。

「一切還好嗎？」許晉元低沉的嗓音從手機傳來。

葉允橙揉了揉眉心，老實地坦承：「不太好，我又發作了。」

許晉元一時沒有作聲。

「我好喜歡安洛的演奏，他表現得好有魄力，這幾乎讓我忘了自己身處黑暗中，可當我聽到夏予青的彈奏時，我又回到了黑暗中……」葉允橙扶住額頭，聲音難掩痛苦，「太像了……那個演奏技巧，完全跟爸爸教的一樣……」

「你說你幾乎忘了自己身處黑暗中？」許晉元聽到了關鍵，「因為方安洛的演奏？」

「對……」

「學長，你有發現一件事嗎？」

「什麼事？」

「每當你想做出改變時，起因都跟方安洛有關，我還是第一次聽到，有什麼東西能讓你忘記自己待在黑暗中。」

「可我還是失敗了。」

「不，你還有機會。」許晉元聲音堅定，「你可以邀他來你的演唱會當嘉賓。」

「什麼？」葉允橙徹底慌了，「不、不行，他可是一線藝人，而且很忙的，我怎麼可以……你明明知道當年發生了什麼事，我哪敢邀他來自己的演唱會！」

「你想太多，那是好幾年前的事了。」許晉元停頓一下，略帶猶豫地開口：「學長，他不知道你是誰。」

葉允橙沒有說話，只是用力握緊了手機。

「他只知道你是葉允橙，一個很崇拜他的歌手。」許晉元一字一句都在蠱惑葉允橙，讓他內心開始動搖，「只要你不說，他永遠不會知道當年在他個人演唱會之前發生的那場意外與你有關。你讓他在演唱會上唱一次，說不定你就能適應黑暗了。」

「我不能——」

「就這麼決定了，學長。」許晉元直接打斷葉允橙，不給他其他選擇，「你一定要邀請方安洛，況且出席你的演唱會對他沒有半點壞處。休息時間結束了，我先去忙了。」

語畢，許晉元逕自切斷通話，留下一臉錯愕的葉允橙。

說實話，他當然想邀請方安洛擔任演唱會嘉賓，這是他作夢也不敢想像的事，然而他有一個祕密瞞著方安洛，所以不敢邀請對方。

但只要他不說，方安洛永遠不會知道……這個念頭彷彿一頭惡魔，不斷在腦海裡誘惑他，鼓吹他忠於自己的欲望。

此時，他的手機再度響起，這次打來的是一組陌生的號碼。

葉允橙疲憊地嘆了口氣，接起電話，他還來不及開口，手機便傳出一陣刺耳的喊叫聲。

「喂！你不舒服要講啊，怎麼可以一聲不吭就先回家！」

葉允橙愣了愣，認出夏予青的聲音。

不等他回話，夏予青兀自嘮叨起來：「你不是在籌備新專輯嗎？這時候生病了就該好好休息，盡快把身體養好，硬撐著身體來看拍攝是什麼意思？」

「抱、抱歉……」葉允橙知道這是方安洛幫他找的理由，他含糊地回應：「我就是太想來了……」

夏予青沉默半晌，罵了一聲笨蛋，接著便掛斷通話。

葉允橙頓時一頭霧水，怎麼今天大家都喜歡掛他電話？

第九章　Changing

「喂，葉允橙說了什麼啊？那個大小姐居然紅著臉掛了電話。」

「傳聞果然是眞的……」

方安洛默默聽著劇組人員們的竊竊私語，假裝自己對此一點也不在意。

他不過說葉允橙因爲身體不適提早回家休息，夏予青不知怎麼地就拿到葉允橙的手機號碼，直接撥電話過去。一接通就對他大呼小叫，整個劇組都聽到了。

「好了，接下來的戲能一次過關就一次過關，爭取今天早點收工。」導演神情嚴肅地在片場大聲喊話，大伙立刻安靜下來做自己的事。

方安洛好不容易才壓住上揚的嘴角。

爲了讓葉允橙有理由離開，他先是謊稱葉允橙拍攝途中身體不適先回家。至於琴房傳來的古怪鋼琴聲，他則表示自己循著琴聲音到了琴房後，卻發現琴房裡空無一人，琴聲也隨之停止。

這番解釋讓劇組的氣氛瞬間降至冰點，在那之後，大家都很安靜地工作，偶爾才會說一兩句話。

所幸方安洛在劇組的形象不錯，沒人懷疑他的說詞，唯獨他火眼金睛的經紀人。

「你說等一下還有事？」

「嗯，所以妳等等先叫車回去吧。」

「能問是什麼事嗎？」陳玥狐疑地瞇起眼。

方安洛以玩笑般的語氣回應：「曖昧對象心情不好，去陪他聊聊天。」

聽到這個回答，陳玥大大嘆了一口氣，「又來，我還以爲你要找葉允橙聊聊。」

方安洛不明白陳玥怎麼就沒把他的曖昧對象跟葉允橙畫上等號。

陳玥趁著化妝師短暫離開，湊到方安洛耳邊，以只有兩人聽得到的音量悄聲說道：「安洛，剛剛其實是葉允橙在彈琴吧？只是基於某些理由，你把他打發回家了。」

方安洛笑著反問：「妳認爲呢？」

陳玥挑起一邊的眉毛：「你剛剛離開太久了，我猜你們可能有什麼事要談，還幫你找藉口拖住劇組。葉允橙是不是有什麼問題？他上次也有過類似的舉動。」

「世上本來就不存在沒問題的人。」方安洛沒有正面回答，聳聳肩，一派輕鬆地說：「放心，事情已經解決了。」

「如果是那樣就好。」陳玥內心還是免不了擔憂，在她看來，藍星音樂的藝人們各個都是問題人物，「像他們那樣星途順利又被公司當成寶的藝人很容易有大頭症，你看那個許晉元對前輩說話也是沒大沒小的。葉允橙也很令人頭痛，爲了把妹，居然趁著停電瘋狂彈琴，把整個劇組嚇得雞飛狗跳。」

「把妹？他？」方安洛神色微妙。

「對啊，其他演員跟我說了，葉允橙是爲了逗夏予青才在黑暗中彈琴。我看這次也是吧？還好你出面阻止了。」

方安洛很想捉住自家經紀人的雙肩，嚴正表示才沒有這回事，葉允橙愛的人是他，今天也是爲了看自己演出才來的。

爲什麼就是沒人發現他們之間有曖昧？他開車載葉允橙來劇組、私下聚會把葉允橙叫來。這次沒人知道葉允橙是何時離開的，聽他說才知道，結果整個劇組包括他的經紀人都站錯CP，這是什麼道理？

「如果藍星音樂的人騎到你頭上，一定要跟我講。」陳玥越講越氣，連用詞都忍不住粗俗起來，「我會讓那兩個小屁孩知道我們不是好惹的。」

此時，躲在方安洛車上的葉允橙打了一個大噴嚏。

「你放心，我會的。」方安洛點點頭，要是他跟藍星音樂的人談戀愛了，他會講的。

方安洛很慶幸自己沒有讓葉允橙等太久，大概是因爲「金車藏嬌」，所以他今天表現得特別好，幾乎每場戲都一次過關，早早就下了班。

雖然知道應該讓葉允橙早點回家休息，但他感覺葉允橙的精神不太穩定，不敢放他一人回去。

葉允橙會獨自在校舍另一頭的琴房彈琴，八成是知道自己快崩潰，寧願自行承受也不願造成拍攝工作麻煩，才離開現場的，這點讓方安洛非常心疼。

通過數次相處，他大概可以推測出葉允橙的過去。

葉允橙肯定是在一個家教森嚴、父母高標準的環境下長大，這也是爲什麼他會在粉絲眼中顯得神祕——一般而言，沒人會想公開自己被父母虐待的經歷。

方安洛在這之前都不會特別探究，畢竟家家有本難念的經，每個藝人都有不能公開的祕密。然而他認爲再這樣下去不行，如果不清楚知曉葉允橙遭遇過怎樣的事，他沒辦法幫助他。

他打開車門，一眼便見到藏在車裡的曖昧對象正閉著眼睛，似乎睡著了。

方安洛悄悄坐到駕駛座上，看著那張頗爲安詳的睡臉，頓時安心不少。

他伸手輕輕碰觸葉允橙紅腫的眼角，正想湊上去輕輕一吻，放在葉允橙腿上的手機冷不防亮了。

只見手機上方出現幾則訊息，傳訊人都是許晉元。

「你邀他了嗎？要是他不答應，你就改邀他去其他活動，看電影也好。」

「他是目前最有可能治好你的人。」

看電影？方安洛立刻想到前陣子允橙CP看電影被偷拍的事。

難道說他們去看電影不是約會，而是爲了幫助葉允橙適應黑暗的環境？

在方安洛看著螢幕思考時，耳邊傳來葉允橙微弱的嗓音。

「唔……安洛前輩？」葉允橙睡眼惺忪地揉揉眼睛，不自覺地綻放笑容，聲音也泛著一絲甜意，「你拍完了？」

「嗯，拍完了。」方安洛與他近距離對視，嘴角微微上揚，而後暗自下定了決心，並且斂起笑容，語氣認真，「橙橙，告訴我，你在害怕什麼？是什麼原因讓你變成這樣的？」

葉允橙愣了下，有些難堪地別開目光，蜷曲著手指，內心很是掙扎。

然而方安洛握住他的手，這股溫暖輕而易舉地卸下了他的防備，讓他眼眶感到一陣酸澀。

「我……」葉允橙深吸一口氣，終於選擇坦承，「我媽媽很早就去世了，留下爸爸跟我。我爸是知名的音樂家，他希望我能繼承他的衣缽，所以從小就對我非常嚴格。從我有記憶以來，我的生活除了上學跟練琴之外就沒有別的了，當其他人放假開心出門玩耍時，等待我的永遠是永無止境的鋼琴檢定與比賽……」

說到這裡，葉允橙悲傷地垂下眼簾。

「如果達不到他的要求，他就會把我關在黑暗的琴房，每隔半小時至一小時來驗收一次，沒達到他的標準就無法出去。」

「從小時候開始就是這樣？」方安洛難以置信。

「對……爸爸說黑暗能讓我更加專注，也能讓我更有效率地把琴譜記起來。但我覺得是因爲他試過很多懲罰我的方式，後來發現這種方法最有效……」葉允橙摀住臉，語氣既悽慘又狼狽，「直到我離家出走前，他都還是用這種方式訓練我，後來我雖然成功離開他了，卻還是逃離不了那份深入骨髓的恐懼。大家都說時間會帶走傷痛，可已經過去七年，我還是會夢到過去那些日子，身處黑暗中還是會想起被關在琴房的絕望感。」

葉允橙低下頭，盯著方安洛覆在他手背上的手，他不曉得自己坦白過往的決定是否正確。

他決定接下《對鬼彈琴》的主題曲創作與鋼琴指導，一開始只想默默地提供協助，但在跟方安洛的相處過程中，他變得越發貪心。就像現在，明明知道自己只會帶給方安洛麻煩，他卻想將方安洛的手掌翻過來，緊緊握住那隻手。

「對不起，給你添麻煩了。」

不是的他不是想這樣講。

「我不該來這裡。」

這不是他的眞心話。

「還好你拍攝順利結束了，我負責的主題曲也已經接近完成階段，儘管到時候沒辦法去首映會，我依舊會祝福你。」

他很想去，比任何人都想，也不希望兩人之間的聯繫就這樣結束。

「橙橙，看著我。」方安洛嚴肅的聲音迫使他抬起頭，「告訴我，這是你眞實的想法嗎？」

葉允橙凝視著方安洛眞誠的雙眸，這般炙熱的目光讓他在黑暗中看到一絲希望，他不禁熱淚盈眶，他再也不想錯過這道光芒了。

「不，」眼淚沾濕了他的臉頰，他的聲音也破碎不堪，可儘管如此，他依然緊緊握住了方安洛的手，「不是，我想去首映會，也想好好看完你的電影。我希望你幫忙，只有你能讓我忘記自己身處黑暗中，所以，請你拯救我……」

方安洛面露笑容，將那隻緊握他的手牽過來，輕吻對方的手背，「你希望我怎麼幫你？」

不管是看電影還是其他事，他都願意做，他想讓這個受傷的靈魂重新在黑暗中看到光芒。

「當我的演唱會嘉賓。」

「什麼？」

「請你當我的演唱會嘉賓，我想……聽你唱歌。」

意料之外的答案讓方安洛有些錯愕，內心一瞬間湧上許多疑問，他並不覺得自己成爲演唱會嘉賓對葉允橙的狀況有幫助。可爲了葉允橙，他決定試試看。

「不可以嗎？」葉允橙以爲他不想答應，難過得心都要碎了。

「可以，當然可以，但……」方安洛急忙答應，卻又陷入了猶豫，「你確定嗎？我已經很久沒唱歌了。」

聽到他答應，葉允橙的雙眸頓時閃閃發光，破涕爲笑，對他而言，方安洛本身就是一盞明燈，只要持續發光，他就不會在黑暗中迷失自我。

「我確定，請你務必要來……我會等你的。」

♪

少年待在一間簡潔雅致的臥房裡，仔細地對著全身鏡繫著領帶。他穿著一身嶄新的潔白制服，牆上掛著他的新學校外套，上面已經繡好他的名字——葉允橙。

他明天即將展開高中生活，然而他只覺得忐忑不安，對新學校沒有一絲期待。

他以優異的競賽成績順利進入音樂班，爸爸也已經去學校打過招呼，那些老師都知道他爸爸是誰，如果他表現得不好，會讓爸爸丟臉。

所以他必須確保自己表現完美，所有科目他都已經先預習過了，副修的樂器也跟爸爸商量好了。他必須盡快給同學和老師留下好印象，這樣當選班長的機率比較高。

想到這裡，他摀著肚子，感覺胃在絞痛，他臉色蒼白地看著鏡中那名面露倉皇的少年，趕緊吃了一顆胃藥。他有點害怕，明明晚餐沒怎麼吃，竟還會有腹痛的症狀，要是生了什麼大病影響學習就不好了。

他虛弱地躺到床上，翻出耳機戴上，一道有如美酒般醇厚的歌聲傳入他的耳裡，讓他的心逐漸平靜下來。

少年的嘴角緩緩上揚，他隨著旋律小聲地哼唱。

哪怕只有一點也好，少年想更加了解這首歌，還有唱這首歌的人。他彷彿看到了一個不曾見過的新世界，那裡閃閃發光，讓他看到了另一種可能性。

他想到以前的學校有流行樂社，也許他該看看新高中有沒有類似的社團，說不定他可以找到同好。

少年從床上坐起身，再次側頭看了看鏡中的自己，鏡中的少年已然找回了笑容，胃也不再絞痛。

儘管依舊對即將展開的新生活感到緊張，此刻他竟對未來有了一絲期待。

對少年而言，偶像的歌聲猶如黑暗中永不消逝的螢火。即使十年過去，物換星移、人事已非，每當夜深人靜時，他依然可以從同樣的歌聲中找到慰藉。

♪

「事情就是這樣，我已經答應葉允橙了，妳再幫我排行程。」

陳玥瞠目結舌地看著自家藝人得意洋洋的樣子，她低頭看了下方安洛發給她的演唱會資訊，越看越納悶。

她想不透爲何方安洛要去當葉允橙的演唱會嘉賓。她看過這場演唱會的舉辦地點，說實話，那種規模的演唱會方安洛根本不必理會。

他這是想唱歌想瘋了嗎？連這種小場地也要蹭。

她又看了看笑容燦爛的方安洛，再看了看手機上的演唱會資訊，忽然茅塞頓開，將一切全都串連起來了。

葉允橙這個貪得無厭的小賊，搶了他們家安洛的主題曲又擔任鋼琴指導，便不把前輩放在眼裡。偏偏方安洛是個對同事客氣有禮的人，於是葉允橙便得寸進尺，甚至明目張膽地追求夏予青，造成劇組困擾。

最後方安洛看不下去，就趁著上次拍完戲後在琴房「教訓」了葉允橙。

怪不得方安洛對葉允橙的評價是「很可愛」，確實蠢得很可愛，凡是在演藝圈打滾過的人都知道做人的重要性，就他一人耍白目，影響整個劇組。

所以方安洛才會成爲葉允橙的演唱會嘉賓，這可能是葉允橙爲了道歉，目前能祭出的最大誠意，或是他們暗中達成了什麼和解交易。

想到此，陳玥安心了，方安洛果然還是很有一套，對付一個小屁孩輕而易舉。搞定了葉允橙，以後他們就能在藍星音樂面前橫著走了。

「我知道了，其他細節我會再跟藍星音樂確認。」她拍了拍方安洛的肩膀，「葉允橙這人挺有才華的，會作曲、作詞，長得也很上鏡。」

換句話說，如果方安洛眞的很想唱歌，可以利用葉允橙爲他抬轎，讓葉允橙免費爲他寫歌，最好還能在MV中當個不支薪的背景板。若做到這種程度，新銳娛樂說不定就願意讓方安洛出新歌。

畢竟藍星音樂的公司規模雖然遠不如新銳娛樂，但在音樂方面業界口碑還是不錯的。

「本人也比想像中可愛。」方安洛頻頻點頭。

葉允橙比想像中天眞的意思嗎？陳玥暗自搖頭，葉允橙到底還是資歷太淺，不懂得謙虛。

「允橙說，任何要求都可以提，他會全盤照做，所以我打算讓他爲我伴奏。」

聽到這裡，陳玥傻眼了。她還是第一次聽見有歌手在自己的主場演唱會爲嘉賓伴奏，這簡直喧賓奪主了。

「只有伴奏，沒有合唱？」陳玥神色古怪，若有合唱橋段倒還說得過去，只有伴奏就有點過分了。

偏偏方安洛還眞的點頭了，「對，他不敢。」

正確來說，如果和方安洛合唱，葉允橙可能會緊張到出錯，所以他不敢這麼做。

陳玥看自家藝人的眼神滿是佩服，「我都要以爲他有什麼把柄在你手上了。」

方安洛笑而不語，他這眼神看得陳玥不敢再細問。縱使她在演藝圈打滾這麼多年，什麼大風大浪沒見過，但至今仍會聽到令她瞠目結舌的八卦，尤其葉允橙又是個挺神祕的藝人，眞被抓到什麼不可告人的祕密她完全不意外。

「妳放心，我跟他處得很好，沒什麼事。」方安洛拍了拍陳玥的肩膀，哼著歌去找造型師聊天了，他今天心情特別好，一大早還請所有工作人員喝咖啡。

覺得葉允橙被抓到把柄的不只她，當溫家麟聽到葉允橙要爲方安洛伴奏時，差點氣到暈倒，「先生，你還記得這是你的演唱會嗎？」

葉允橙從滿檔的行程表中抬起頭，露出傻呼呼的笑容回應：「當然，所以我才會邀請安洛啊。」

「你爲他伴奏，還強調要把舞台燈光關掉，你知道會發生什麼事吧？假如你崩潰，演唱會就辦不下去了。」

葉允橙發作起來有多誇張，溫家麟自然很清楚，在葉允橙剛出道沒多久時，溫家麟曾帶著他錄製綜藝節目。那時溫家麟明明已經嚴正交代節目組在錄影時全程保持燈光明亮，結果製作人爲了節目效果，硬是把葉允橙引到一個黑暗密室，要他想辦法逃脫，搞得葉允橙頭暈目眩還吐了。

偏偏葉允橙對這次的安排很堅持，認爲自己可以做到、反應不會那麼誇張，他提出的原因是他相信方安洛。

「這是我跟安洛前輩共同討論出來最好的辦法。」對葉允橙而言，最不想面對的就是那段被關在黑暗琴房裡彈琴的過去，所以只要置身於黑暗中，他就會陷入恐慌。

然而有一件事是過去的他從未做過的，那就是在黑暗之中彈奏方安洛唱過的歌。對熱愛音樂的葉允橙來說，最能吸引他注意力的就是音樂了，如果父親的音樂會讓他在黑暗中迷失自我，那就讓方安洛的音樂把他帶回來。

此時，保母車停在路邊一條紅線上，本該上車的人沒出現，這讓溫家麟急了。

「搞什麼，晉元這傢伙又睡過頭了嗎？」溫家麟語氣焦躁地撥打電話，時間一分一秒過去，電話另一端就是沒人接。

「我去看看。」葉允橙戴好帽子與口罩下了車，熟門熟路地走到一棟高級別墅前，對著密碼鎖按了幾下，嗶聲後直接打開門走進去。

葉允橙打開玄關的燈，左顧右盼，雖然一陣子沒來了，這裡還是如他印象中一樣亂七八糟，東西扔得到處都是，還有昨天吃完尚未收拾的空碗。這裡跟葉允橙家的狀況完全相反，因家教嚴謹，他仍保有定期打掃保持乾淨的習慣。

葉允橙看不慣，很想動手收拾，礙於經紀人還在外面等待，他只能努力忽略那些髒亂，從積了一堆衣服的沙發上把許晉元挖起來。

「醒醒，該上班了。」他拍拍許晉元的臉，這個人又睡死在沙發上，頭髮亂成一團，鬍渣也沒刮，這副鹹魚樣簡直足以流失一半粉絲。

許晉元睡眼惺忪地睜眼，一看到他，又閉上了眼睛。

「你再不醒來，我就要幫你破關了。」葉允橙看了一眼電視螢幕上的遊戲畫面，玩家操控的角色站在一扇被灰霧籠罩的大門前，一看就是準備打王的節奏。

這招威脅果然有效，許晉元立刻睜開眼睛，從沙發上坐起。

「別亂來。」許晉元邊說邊將遊戲機切入休眠模式。

「那就快去刷牙洗臉，溫爸爸在外面等了。」葉允橙將他推進浴室，而後比了比下巴，「記得刮鬍子。」

許晉元是那種從起床到出門用不了多少時間的人，不到十分鐘他就準備好了，當他回到客廳時，正好看到葉允橙動手收拾客廳。

「別管了，反正很快又亂了。」他無語地抓住葉允橙的手，將他拖到玄關。

「總得收拾一下，不然哪天你爸媽回來，他們會想打你。」

許晉元沉默一會，悶悶不樂地開口：「他們不會回來的。」

葉允橙沒再出聲，別人家的狀況他也不好說什麼。

他們高中還沒畢業時，許晉元的父母是一年回來幾次，現在已經是幾年回來一次了。父母漠不關心亦或是過度關心，哪邊比較幸福，葉允橙不知道。

許晉元看了他一眼，「看不慣就乾脆過來住，愛把這裡弄成什麼樣子隨便你。」

「我說過了，你家離我老家太近，住這裡可能哪天就撞上我爸，然後你就會看到葉氏父子扭打雙雙送進警局的新聞。」葉允橙哭笑不得，他一邊穿鞋一邊念出屆時可能出現的新聞標題，「驚！某知名歌手竟出手打傷生父！究竟是人性的扭曲還是道德的淪喪？」

許晉元一陣無語。

直到兩人走出門，葉允橙依然說得很起勁，「作爲我的友人，這時候你就要跟記者說『我看不出來葉允橙是這種人，他不時很文靜乖巧』。」

許晉元快壓不住嘴角，原先的鬱悶也消失無蹤，「我不會這樣講，我會說『學長是我看過最魯莽的人』。」

講笑話的極致就是把自己當成笑話，他們一路講幹話，直到上車後溫家麟一個眼神瞪過來，兩人才擺出正經的樣子。

♪

在新專輯發售日前一天，專輯主打歌〈人魚〉正式在各大串流平台上架，粉絲們紛紛守在影音網站等著ＭＶ首播。

不僅粉絲守著ＭＶ，藍星音樂全體員工也是，那天眾人爲了專輯全體加班趕工，到了

MV首播時，大伙紛紛聚到休息室觀看這段時間以來的成果。

「等候觀看人數已經破萬了！」藍星音樂的小編忙著用手機與筆電，神情顯得相當興奮，「好耶，放那張濕身照果然有用！」

葉允橙忙著用吸管把沉在飲料杯底的珍珠打散，聽到這句不忘回應：「我的濕身照有什麼好看？我比較想看晉元的。」

此話一出，好幾位藍星音樂小伙伴立刻看向這裡唯一不用加班，純粹來湊熱鬧順便蹭晚餐的許晉元。

許晉元被眾多期待的眼神看得很不自在，趕忙表明自己的立場：「想都別想。」

「晉元啊，怎麼可以不拍呢？我不是跟你說過，你的長相、身材不僅很受女生喜歡，也是許多GAY的菜啊，既然你男女通殺，不拍你對得起粉絲嗎？」已經出櫃的編曲師立刻幫大家發聲。

「不拍。」

「嗚嗚嗚，如果是鏡頭前的晉元，這時候就會說『如果是爲了學長的話，我犧牲一下色相也可以喔』。」

「對對，然後下一句是『學長的話看多少都可以，其他人就別想了』。」

眾人哄堂大笑，除了板著一張臉孔的許晉元。

藍星音樂裡的職員人數不多，大家年紀也頗爲相近，長期共事下來整個團隊感情很好，相處起來沒什麼距離。

「好了，影片開始倒數了。」溫家麟看許晉元被調侃得灰頭土臉，主動出聲幫忙解圍，雖然他也覺得由許晉元犧牲色相是個很不錯的主意。

對歌手而言，每一張專輯都是他們的職涯里程碑，葉允橙的第一張專輯相當符合他的爆紅經歷。以〈今生只想與你走紅毯〉爲主打歌，其他專輯收錄歌曲也都是甜歌或講述愛情美好的歌曲。

他這次的專輯相較第一張專輯，整體風格變得憂鬱許多，如被粉絲們譽爲單戀必聽的〈傳不出去的聲音〉，還有跟許晉元合作的歌曲〈南柯一夢〉，都會收錄在第二張專輯裡。

如今這首〈人魚〉也是，MV一開始便看到葉允橙赤腳站在海岸懸崖邊，穿著簡單的白襯衫與牛仔褲，清哼著〈人魚〉的前奏。

這一段看得粉絲心驚膽戰，因爲只要再往前一步，他們的偶像就會掉進海裡。

這部MV拍得相當唯美，短短幾分鐘敘述了一名青年爲了追上戀人的腳步孤身來到陌生城市，最後因故分手的故事，傷心失落的他來到海岸散步，娓娓唱出這段戀情。

在歌曲後半段，青年一腳踏出懸崖，栽進了海中。幸好之後鏡頭一轉，畫面回到青年站在岸邊的光景，原來方才那只是他的想像。

在MV最後，青年露出彷彿釋懷一切的微笑，轉身離開海岸。

雖然〈人魚〉這首歌並不難唱，但一開始就是從副歌切入，只用簡單的鋼琴與大提琴來襯托，所以非常考驗歌手的音色。所幸葉允橙擁有天籟般的美聲，這首歌正好凸顯他的優勢。

一曲結束，看完首播的粉絲們紛紛湧入影片下方留言誇讚支持，也有幾個演藝圈好友留下評語或是在ＩＧ轉發。

「橙橙是什麼下凡的天使嗎！也太好聽……」

「哭爆，到現在也支持兩年了，橙橙眞的越來越厲害了。」

「只有橙橙能唱出這種韻味！」

「穿白襯衫好好看，求演唱會也這樣穿！」

留言不斷冒出，還有許多花式吹捧，葉允橙看得津津有味，溫家麟倒是越看越憂愁。

「眞希望這些粉絲聽完〈人魚〉現場版後也能這樣誇讚你。」溫家麟闔上筆電，嘆了口氣。

要知道，歌手在錄音室唱歌好聽是一回事，現場唱得好聽又是另一回事。

每一首歌都是在錄音室經過數次錄製，挑其中最完美的一次，再經過錄音師的潤飾才能出產，換句話說，錄製好的歌是最完美的版本。然而歌手也是人，現場演唱往往會受到其他因素影響，如肺活量、現場環境、情緒心境……這些都會導致歌手無法發揮得跟錄製版本一樣完美。

葉允橙就屬於現場演唱沒那麼穩的類型，一般而言他能唱到錄製版本百分之八十的水準，但沒法像許晉元那樣，每次都完美發揮，現場和錄製版本毫無差別。儘管葉允橙的現場演唱外行人聽不太出差異，可若是遇到同一首歌聽了千百遍的粉絲，或是對聲音敏銳的內行人，就能聽出一些端倪了。

「怎麼可以這樣說我們橙橙？」編曲師一手搭上葉允橙的肩膀，狀似生氣地對溫家麟說道：「那句『離開不見光的深海只爲見你』我不過請橙橙重唱十次而已，要是粉絲現場聽完有意見，請橙橙安可九次不就好了，總有一次滿意的！」

「還眞是謝謝你。」葉允橙拍開對方的手，無可奈何地說：「不然到時候演唱會〈人魚〉放第一首唱？」

「不行，你太久沒辦演唱會，放第一首容易緊張走音。」

「那就最後一首？」行銷開口提議。

「唱到最後一首都累了，更容易走音，不行。」溫家麟再度否決。

「不然這樣，在安洛前輩上台前唱吧！那時候我狀態最好。」葉允橙開心地啜了一口珍珠奶茶。

「〈人魚〉是節奏緩慢的悲傷情歌，你帶著興奮的情緒能把這首歌唱好？」

這個不行那個不行，葉允橙倍感無語，忍不住嘟囔一句：「乾脆別唱算了……」

此話一出，好幾個員工偷笑出聲，遭受溫家麟瞪視後，又紛紛閉上了嘴。

MV首播結束，眾人紛紛回到工作崗位繼續忙各自的事情，許晉元蹭完飯就回家了，葉允橙則留下來繼續討論演唱會相關事宜。

爲了集中話題熱度，演唱會就在專輯發售兩天後舉辦，他們要準備的事很多，光是曲目順序還沒完全定下來就有得忙了。

不過對溫家麟而言，這些都還是小事，最大的問題出在方安洛的演唱環節。

「這段時間你有試著在黑暗中彈琴嗎？」

「呃，我試過一次，但不敢再這麼做了……」

聞言，溫家麟的神色越發凝重，「還是沒辦法克服嗎？」

「這是原因之一，主要原因是我被投訴了……我那天睡前想試彈一首看看，結果一關燈我就失去理智，當我回神時天色都亮了。」葉允橙面色沉重地解釋：「當天中午房東就打來問我昨晚是不是徹夜彈琴，樓下鄰居被吵得受不了，上樓按門鈴抗議。結果我始終沒有應門，嚇得他魂飛魄散，以爲鬧鬼了，跑去跟房東抱怨，吵著要搬走……」

溫家麟沉默許久，給了個誠懇的建言：「等演唱會忙完，你換個隔音好的地方住吧，我會幫你找住處。」

葉允橙沒什麼搬家意願，只能將話題轉回來，「我知道你是擔心我在安洛前輩的演唱環節出問題，如果彩排不順利，正式演唱時，我也會跟安洛前輩商量，讓舞台燈光保持明亮。畢竟這是我的演唱會，卻也不是我一個人的演唱會，能順利完成才是最重要的。」

雖然他也很希望自己能克服對黑暗的恐懼，看見方安洛在舞台上閃閃發光的樣子，但只要能近距離地聽對方唱歌，光是這一點，他就覺得成爲歌手値得了。

第十章　流螢

《對鬼彈琴》的殺青日當天晚上，劇組辦了聚餐。許多已經殺青的演員都回來了，偶爾出現在劇場的配樂師、後製人員以及編劇也來了，氣氛相當熱絡。

觥籌交錯間，身為男主角的方安洛卻悄悄走到室外，從口袋中掏出一根菸點燃。

他神色略為凝重，看似想藉著抽菸喘息一下，然而他點了菸，盯著燃燒的菸頭看了許久，最終還是將菸捻熄，一口也沒抽。

還以歌手為本業時，他從不抽菸，因為那會傷了他的嗓子，後來接的戲越來越多，他不知何時染上了抽菸的習慣。

明天他就要重新拿起麥克風了，已經八百年沒有在現場演唱，如今重操舊業，他居然感到一絲緊張。

「原來你在這裡。」一名女子帶著笑容走了過來，「安洛前輩，怎麼一個人在這抽菸？」

「沒什麼，透透氣。」方安洛回以親切的微笑，「我們的大小姐怎麼出來了？今晚外頭挺冷的。」

「別戲弄我了。」夏予青的臉色立刻垮下來，劇組的人私下喜歡叫她大小姐，想不到方安洛也這樣叫，「我就是出來走走……對了，前輩知道明天是葉允橙的演唱會嗎？」

「我知道。」方安洛努力讓自己的聲音聽起來不要充滿敵意。

這種個人演唱會的嘉賓通常不會事先公布，這樣才能爲到場的歌迷帶來驚喜，因此目前只有少數人知道他會出席。

「雖然我沒聽過他的歌，但聽說他唱得不錯，既然都拿到公關票了，不去可惜。」夏予青完全沒察覺到方安洛隱藏起來的情緒，自顧自地說：「那傢伙還給我兩張票，我一時也想不到要邀誰，如何？前輩如果沒拿到公關票，要不要跟我一起去？」

「不用了，我有。」方安洛表現出心平氣和的樣子。

「這樣啊，那我等等問劇組其他人要不要票。」

方安洛重新拿出一根菸，一邊點菸一邊看向夏予青，「允橙居然會給妳票？我以爲你們關係沒那麼好。」

「這個……」夏予青莫名覺得他的笑容有點壓迫感，停頓一下，吞吞吐吐地解釋：「也沒那麼差吧，他不是特地來片場聽我彈琴嗎？」

「確實，允橙挺有責任感的，歌手工作忙，也沒忘記自己是《對鬼彈琴》的鋼琴指導。」方安洛點點頭，又把點好的菸捻熄了。

夏予青摸摸鼻子，越想越鬱悶，便隨意找了個藉口表示自己要先回室內。

方安洛才剛抬起手揮了一下，夏予青又啊一聲，走了回來。

「對了，前輩，我差點忘了一件事。」只見她從自己的名牌包裡掏出一張專輯，臉上堆滿了討好的笑容，「我有個朋友是你的粉絲，他得知《對鬼彈琴》今天殺青，硬把專輯塞給我，說一定要給你簽名，你能幫他簽嗎？」

方安洛愣了下，目光落在那張專輯上，是他的第四張發行的專輯。就這麼剛好，有三個人都代替朋友請他簽名，又這麼剛好簽的專輯都沒有重複，許晉元給他簽第二張專輯、黃樂雅給他簽第三張，現在夏予青請他簽第四張。

他狐疑地盯著那張專輯一會，最後還是默默接了過來，「需要屬名嗎？」

「不用，如果你能畫個愛心，我朋友會很感謝你。」

聞言，方安洛的嘴角緩緩上揚，「可是愛心我畫膩了，寫別的好了。」

他簽了名，這次直接在下方寫了「love you」。

夏予青瞄了一眼上面的英文，沒說什麼，默默收下了。

夏予青前腳剛走沒多久，之前早早下了戲，一個多月沒出現在片場的黃樂雅也來了。

面對她，方安洛和顏悅色不少。

「安洛哥，我聽橙橙哥說你明天會去當他的演唱會嘉賓，我一定會去看的！」黃樂雅雀躍得像個提前得到聖誕禮物的孩子，眼眸滿溢著光彩。

雖然有點介意黃樂雅對葉允橙的稱呼，可這段話比剛才的順耳多了，他微微一笑，摸了摸黃樂雅的頭：「我也期待看到妳。」

少女笑得臉頰都紅了，拉著方安洛講了好一番話，途中黃樂雅還誇讚了他的歌聲。方安洛現在已經很少聽到別人提起他的歌了，黃樂雅的吹捧讓他有些恍惚。

「安洛哥的嗓音是我聽過最耐聽的，那首〈長夜漫漫〉我已經聽了幾百遍，不誇張！」

說眞的，這話若是對剛出道的方安洛說，他還會相信，過了這麼多年，即使自戀如方安洛也已經懂得有些話只是客套。唯一讓他動搖的只有葉允橙，但就算葉允橙說自己被他的歌聲拯救，方安洛還是半信半疑，不太相信自己的歌聲能起到這麼大的作用。

方安洛有點好奇黃樂雅對於這種狀況的想法，於是問道：「如果有人跟妳說，妳的歌聲能拯救他……妳覺得這可能嗎？」

「唔，我也不清楚。不過會這樣說，代表那人眞的很喜歡吧，要是有人這樣跟我說，我會很開心。」黃樂雅摸了摸後腦杓，有些羞赧地自我吐槽，「雖然我不會唱歌就是了。」

「不要緊，我也是。」

「安洛哥，別開玩笑了，你可是歌手出身。」

方安洛輕笑，搖了搖頭，「我不是謙虛，只有眞正踏入這一行，才會發覺自己有多渺小。」

真正的天才是存在的，例如說想聽他唱歌的葉允橙。

那首〈人魚〉太過令人驚豔，不論旋律還是歌聲都完美展現了他驚人的音樂天賦。

可黃樂雅不懂這麼多，聽聞這番話，她僅僅聳了聳肩，不是很在意地笑著說：「儘管如此，我還是喜歡啊，影響我喜好的並不是這個人的歌聲有多完美，或是這人是不是最有才華的。」

聽到這裡，方安洛也釋懷了，「妳說得對。」

畢竟葉允橙最愛的也不是自己的歌聲，而是方安洛的。

隔天，方安洛在陳玥的陪同下提早來到演唱會現場準備彩排時，葉允橙立刻跑過來告知一個不幸的消息。

「安洛前輩，對不起。」葉允橙一看到他就彎腰鞠躬，聲音充滿了自責，「我剛剛跟經紀人商量了一下，最後還是決定讓表演舞台全程保持明亮。」

「爲什麼？」方安洛曉得這肯定是葉允橙掙扎許久才做出的決定。

「我已經試了好幾天，可每一次都失敗了。只要燈光暗下來，我就會感到緊張恐懼，在這種情況下，我根本無法靜下心來彈奏鋼琴，同時也會影響到我後面的表現，我根本沒辦法阻止自己走音。」葉允橙的神情相當憔悴，嘆了口氣，難過地表示：「家麟哥說，無論如何都必須讓我的情緒保持平穩，所以不能再冒險調暗燈光了。」

方安洛正思考該不該讓舞台全程保持明亮，但這樣會打斷他的計畫，而他不想錯過這千載難逢的機會。

就在此時，他注意到遠處舞台上的三角鋼琴，這讓他察覺一個以前從未注意到的問題，「你會怕黑，是因爲爸爸會把你關在黑暗的琴房裡，逼你練琴。」

「嗯……」

「那你爲什麼不害怕彈琴？從小到大天天被逼著練琴，怎麼不排斥它？」

葉允橙的目光跟著落在舞台上的黑色鋼琴，眼神變得柔和，彷彿在看一項珍愛的寶物。

「若有一個壞人拿刀子捅了別人，大家只會唾棄那個壞人，沒有人會責怪刀子。」語畢，他猶豫了一會，像是覺察到什麼似的，忍不住笑了，「我想，我是喜歡彈琴的。」

因爲太過理所當然，所以葉允橙忽略了這個事實。在他被壓力逼得喘不過氣時，鋼琴是他唯一的同伴，也是他跟這個世界溝通的方式。

即使離開了那個家，他的歌曲仍常以鋼琴作爲伴奏，所以他在臥室裡放電子琴，不論睡著醒著只要興致一來就可以彈琴。

「這就對了。」方安洛按住他的雙肩，迫不及待地下結論：「你不是說過要想想開心的事嗎？不用想了，彈琴本身就是件開心的事。」

葉允橙先是一愣，隨後緩緩露出笑顏。

他現在才意識到，原來答案一直都在眼前。

♪

演唱會外已經聚集了大量排隊人潮，這一天葉允橙的粉絲群組訊息幾乎像噴泉一樣湧上。好幾個粉絲利用這次機會跟其他同好認親，而他們也有一個認親訣竅——什麼口味就穿什麼顏色的服裝。

「嗯？」可可珍珠穿著一身褐色大衣，在排隊過程中，看到大門走進來一名穿著白色洋裝與皮鞋，笑容甜美的小女孩。她拉著一名中年男性的手，身旁還站著兩名頗爲眼熟的女性，一行人相談甚歡。

「喂，那個是黃樂雅跟夏予青嗎？那個星二代還有音樂才女！」正當她疑惑時，被她拖來一起看演唱會的男友興奮地開口。

「眞的耶，難道她們是橙橙的好友？」可可珍珠有點驚訝，她的偶像是個歌手，平時鮮少接觸戲劇與綜藝圈的工作，圈內的好友幾乎都是流行樂業界的人士，然而這兩人都是演員。

當一行人行經可可珍珠身邊時，可可珍珠正好聽到小女孩興奮地連珠炮發問：「眞的嗎？妳們有看到橙橙跟晉元來開會？他們私下互動也很甜很閃嗎？有沒有偷偷牽手？有看到他們打啵嗎？」

她想這人私下嗑CP就算了，怎麼還對著跟橙橙實際接觸過的藝人發廚，兩位女星也被問得神色很微妙。

當可可珍珠看到小女孩斜背的牛奶造型包包時，頓時神色一沉，立刻撥打電話。

小女孩則從包包掏出手機，奶聲奶氣地應了一聲。

「不要當雷包騷擾其他藝人，妳會丟橙橙的臉！」可可珍珠在牛奶珍珠背後瞪著她，搞了半天她居然是自己群組的成員！

小女孩有點驚慌地左顧右盼，悻悻然地悄聲說道：「可可姊姊別生氣，我就是聽到其他姊姊們發糧，一時太興奮了。」

可可珍珠哼了一聲掛上電話，接著點開群組呼籲大家當個理性粉絲，一旁的男友也不敢打擾她，默默排隊拿應援板跟螢光棒。

然而她的訊息很快就被洗掉了，因為今天是珍珠們的狂歡日。大伙興奮地討論今天會有哪些歌還有嘉賓，當然也很期待今大元橙CP會有什麼互動，這兩人從不缺席對方的演唱會。

於是當許晉元作為演唱會的開場嘉賓站上舞台時，所有人都不意外。

上了台的許晉元神采奕奕，他的歌聲宏亮有力，言語間帶著幾分幽默，提到自家學長更是充滿了深情，讓粉絲們心跳不已。

而當葉允橙上場時，粉絲們更是嗨到最高點，亓橙CP順勢演唱了〈南柯一夢〉，隨後許晉亓離開舞台，將主場交給葉允橙。

不過令珍珠們納悶的是，他們的偶像不知爲何一上台就呈現亢奮狀態，導致他開口唱〈人魚〉時，聲音不小心顫了一下。

葉允橙咳兩聲，靦腆地彎了彎嘴角，「不好意思，我太興奮了。」

明知道得專心演出，可一想到待會方安洛就要上台唱歌，他便興奮到不行，所謂的心猿意馬大概就是如此。

所幸大多數的粉絲都對他靦腆的笑容買帳，這讓他鬆了一口氣，同時心虛地往經紀人的方向瞄了一眼，明白自己事後肯定要被念了。

打從有記憶以來便不斷參加比賽，葉允橙覺得他根本活在舞台上，早就習慣表演的他，怯場理當不存在於他的字典中，可如今他居然感到緊張。

儘管許晉亓剛剛在後台說，就算邀請了方安洛唱三首歌，但葉允橙做爲主場歌手，下了舞台還得忙著換衣改妝，實際上只能聽到一首歌，沒必要那麼興奮。

不過縱使只有一首，他也很滿足了。

葉允橙闔上雙眼，唱完最後一句，恍惚地在原地呆站了一下，直到後台人員提醒，才大夢初醒般挪動腳步。

他走下台，正好與方安洛擦身而過。

方安洛一眼就看出葉允橙的忐忑，拍了拍他的肩，給他一個放心的微笑，「我等你。」

方安洛低沉的嗓音讓葉允橙逐漸平靜下來。

葉允橙換上下一套表演服，也補了妝，等一切準備就緒後，葉允橙前往舞台，同時聽見熟悉的歌聲逐漸變得微弱。

他從舞台側邊進入，悄悄坐到了鋼琴椅上，此刻觀眾們都沉浸在方安洛的表演中，沒有人注意到他回來了。

當舞台的燈光逐漸暗下來時，葉允橙闔上雙眼，他不去想自己處在怎樣的環境，此刻的他什麼也看不到，只摸得到琴鍵。

漆黑的空間讓他惶恐不安、恐懼緊張，全身緊繃冒冷汗，但當他鼓起勇氣敲下第一個音符時，黑暗中出現了一絲光芒。那不是父親要求的曲目，也不是他被關在黑暗的琴房時彈奏過的任何一首曲子。

這串音符宛如一根從天上垂下的繩索，而葉允橙緊緊抓住了它。

過去的陰影像厲鬼般捉住他的雙腳，父親的教誨狠狠掐著他的神經，試圖將他拉回泥沼中。

「那些流行歌的旋律不過是垃圾，不值得一提，不要聽。」

黑暗中傳來滿是惡意的囈語，他不予理會，順著繩索一步步往上爬。

「我是爲你的未來著想，爲什麼你就是不懂！」

他的腳下傳來了憤恨激昂的怒吼，他沒有踢開那些緊抓著他的手，也沒有要那些聲音安靜下來，他精神恍惚，雙手卻緊緊抓著那一線希望。繩索的盡頭閃爍著微弱的光芒，他知道，在那裡他將獲得重生，即使可能會摔回地獄，他也不想再放手。

然後在一串搖搖欲墜的音符中，他聽見一道熟悉的歌聲。

葉允橙猛然睜開雙眼，他看見自己身處一片昏暗中，與自己相伴的只有鋼琴，但有一道光照在不遠處。

他順著光芒看去，方安洛背對著他，站在一片潔白的光芒之中，以醇厚溫柔的嗓音唱著歌。他的背影告訴葉允橙，這裡不是黑暗的琴房，而是聚集了數千人的舞台中心。

打從少年時期開始，葉允橙就期待著能看見在台上唱歌的方安洛。

如今他的夢想實現，而且還親自爲偶像伴奏，意識到這一點，他終於得以走出那間困住他的琴房。

葉允橙嘴角緩緩上揚，琴音逐漸穩定下來。

「咦，那是橙橙嗎？」

「眞的耶，他又回到台上了！」

粉絲驚喜的尖叫聲遠遠不及方安洛的歌聲來得清晰，葉允橙聽著歌聲，心情越發激動。

方安洛選定的最後一首曲目是〈流螢〉，他沒跟方安洛說過，這首歌對他有著重大的意義，〈流螢〉是一切的起點。

在聽到這首歌前，他的人生只有學習和練琴，這首歌開拓了他的視野，讓他從此踏入另一個世界。

現在，葉允橙重新感受到最初聽見〈流螢〉時的感動。

他看見了一道光，而那個沐浴在光中的男人，緩緩轉過身，含笑朝他走了過來。

方安洛從沒想過，有一天他會轉身背對台下所有觀眾。

當他站在舞台上，看到底下座無虛席的人群時，他以爲自己會很激動，實際上卻比想像中平靜。

過去十年，他爭取過許多上台演唱的機會，也曾一度要辦自己的演唱會，讓很多人聽他唱歌。

如今他的願望算是實現了，舞台下方的觀眾很興奮，對他的出現很驚喜，爲他歡呼、專注地聽他唱歌，這一刻方安洛清楚意識到自己再度成爲了舞台上的主角。

他一直以來都在尋求這樣的機會，然而此刻，他最掛念的卻不是台下那些聽他唱歌的人，而是身後那名爲他伴奏的青年。

葉允橙比任何人都專注地傾聽他的歌聲，甚至把他的歌當成黑暗中唯一的光芒。原來他眞的可以用歌聲拯救一個人，起初他還以爲這是天方夜譚，可當他聽見那個越發平穩的伴奏後，他明白自己做到了。

方安洛再也無法忍耐，他壓抑著狂亂的心跳，回頭對上葉允橙的目光，轉身背對著人群，毫不猶豫地走向他，在對方錯愕的目光下，拉住了他的手。

「等等，我……」葉允橙慌張地望向琴鍵，他的伴奏因此而斷了，位於舞台後方的樂隊像是早就預料到一般，立刻接手他的伴奏。

「我不能離開這裡……」葉允橙手足無措地來回看著方安洛和鋼琴，他害怕一放開琴鍵，自己就會掉回地獄。

可方安洛不予理會，他一邊唱著歌，一邊對葉允橙眨眼，動作溫和而堅持地將他拉離鋼琴。

葉允橙被拉進明亮的舞台燈光中，腦袋一片空白，白光之外盡是一片黑暗，可他的目光始終黏在方安洛身上。

僵硬的身體不斷提醒自己黑暗的可怕，但葉允橙毫無所知，失了魂似的望著方安洛的笑容，聆聽迴盪在耳邊的歌聲。他抓緊方安洛的手，來到舞台正前方。

葉允橙幾乎快融化在方安洛的歌聲裡，也就是在這一刻，方安洛唱到了副歌。他開口唱出第一個字的同時，身後浮現一點淡藍色螢光。

緊接著無數淡藍色螢光在黑暗中一一亮起，那是粉絲們的螢光棒，他們興奮地高舉著螢光棒，隨著節奏輕輕搖曳。

葉允橙彷彿看到螢火蟲。

無數流螢在黑暗中閃爍溫柔的藍色螢光，葉允橙感覺自己似乎墜入了星空，他看見高中樂團的朋友人手一支螢光棒站在搖滾區，喊著他的名字；他看見大學時打工餐廳的前同事們結伴來到演唱會，興奮地看著他；他還看見《對鬼彈琴》的兩位女演員笑著朝他揮舞螢光棒，還有吳松甫導演的小女兒坐在爸爸肩上也搖晃著螢光棒。

所有應邀而來的朋友們、愛著他的粉絲們，大家都化爲一抹流螢，在黑暗中閃爍。

瑰麗的景色模糊了他的視線，直到此刻，葉允橙終於清醒。

黑暗中的囈語被方安洛的歌聲驅散，血淋淋的過往沉沒於螢光海中，那間陰暗的琴房再也無法困住他。

一切都是如此耀眼，即使方安洛唱完最後一句，所有舞台燈光暗了下來，葉允橙依舊沉浸在那如夢一般的場景中，心臟瘋狂地跳動。

「你還好嗎？」方安洛垂下麥克風，以只有兩人聽得到的音量低語。

葉允橙點點頭，緊握著方安洛的手，興奮到語無倫次：「太棒了，真的……我……」

「我懂。」方安洛將麥克風交還給葉允橙，「但我的部分結束了，允橙。」

麥克風終究得回到這場演唱會的主角手上。

葉允橙低頭看向手中的麥克風，此刻，他不再是瑟縮在黑暗中彈鋼琴的少年，而是歌手葉允橙。

他短暫閉上眼睛，重新睜開雙眼時，眼神已然不同。

「謝謝你，安洛前輩。」葉允橙的聲音平靜而滿足，黑暗再也抹不去他眼中的光芒，「我沒問題了。」

耳邊傳來台下觀眾的鼓譟聲，這一次，葉允橙清楚地認知到自己身在何處。

葉允橙拿起麥克風，含笑問了一句：「我想再唱一次〈人魚〉，可以嗎？」

台下爆出一片歡呼，珍珠們在黑暗中瘋狂尖叫。

看到這副光景，方安洛知道葉允橙真的沒問題了，默默放開他的手，轉身步下舞台。

當他一來到後台，便看到眼眶含淚的經紀人溫家麟。

「沒失控、他沒失控！這是我第一次看到這傢伙在黑暗中如此冷靜的樣子。」溫家麟激動到甚至沒有計較葉允橙不按理出牌的歌單，一看到方安洛，便抓住他的雙肩急促地表示，「安洛先生，您的歌聲有魔法嗎？居然治好了他對黑暗的恐懼！」

「不是我治好的，是他的粉絲們。」方安洛謙虛地做出回應。

一旁的許晉元充耳不聞，他站在舞台角落，目光如炬地盯著葉允橙所在的方向。

他知道歌手葉允橙已經回來了，他不會再迷失自我，也不會在黑暗中感到恐慌。

當葉允橙在黑暗裡清唱出〈人魚〉的第一段主歌時，所有人都屏息了，他的歌聲是如此平穩而完美。

一聽到他開口，伴奏樂團、舞台燈光、音控人員很快就位，在葉允橙唱完主歌後，樂手們便開始幫他伴奏。

一盞淡藍的燈光照在他身上，以此為中心，整個舞台逐漸被一抹柔和的水波紋光芒籠罩，仰頭一看還能看到在空中飛舞的泡泡。

螢光棒再度亮起，這次是如泡沫一般虛幻的白光。

那一刻，演唱會現場宛若寬闊陰暗的深海，觀眾全都舉起手中閃爍著微弱光芒的螢光棒，隨著旋律輕輕搖曳。

粉絲們沉浸在美妙的歌聲中，他們是圍繞著葉允橙的珍珠，無論身處何處，只要葉允橙開口，他們都會義不容辭地亮起光芒，讓他不再感到孤單。

♪

演唱會就這樣圓滿結束了。

在葉允橙唱完最後一首歌回到後台時，藍星音樂的職員們全都簇擁而上爲他慶祝，其中最激動的就屬溫家麟。他興高采烈地拉著葉允橙講了許多往後的規畫，例如要安排他上外景節目或是參加什麼夜晚活動，最後還是其他人找藉口把他拖走，才讓葉允橙得以喘息。

高中時代的社團朋友們來到後台，一見到葉允橙，一群人激動地抱住他嚷嚷。

「我們的葉允橙長大了。」

「我就說你能克服的！」

他們還順帶把許晉元一起抱住，最後全被許晉元煩躁地推開。打工餐廳的前同事們也到了後台向他祝賀，還邀請葉允橙改天再來餐廳獻唱一曲，幾名過去合作過的娛樂圈好友也送上祝福。

折騰了半天，葉允橙才得以從人群中脫身，來到方安洛面前。

一見到方安洛，葉允橙感覺自己像個剛開罐的汽水，一顆顆曖昧不明的泡泡止不住地湧上。他說不清楚這是什麼感覺，只知道看到這個人就心跳加快。

「安洛前輩晚上還有事嗎？可以跟我們一起去慶功宴嗎？」他的目光滿溢著期待。

方安洛加深笑容，答應了他的邀請。

葉允橙露出燦爛的笑容，靦腆地低著頭，「我……眞的很感謝你，也有很多話想跟你說……可以改天約個時間出來嗎？」

葉允橙對方安洛有著難以言喻的感激，這份情緒與過往的憧憬混雜在一起，讓他一時之間無法說清。他想找個時間好好感謝方安洛，也想知道還有沒有他能爲方安洛做的事。

方安洛低聲道：「慶功宴結束如果你還不累，我們倆續攤？」

望著那對明亮的雙眼，葉允橙鬼使神差地點點頭，答應完才想到自己不該這麼做。

他的貪心就像一輛失控的火車，不斷地咆哮著想要更多，他也不明白自己到底想要什麼，只知道自從上次邀請方安洛當嘉賓後，有什麼東西改變了。

聽到方安洛要一同去慶功宴，藍星音樂的一眾員工興奮極了，大伙雖然平時不乏接觸明星的機會，但能與方安洛這種等級的藝人相處還是第一次。

他們並不像方安洛所想，只談論他演過的戲劇或是他的螢幕總裁形象。相反的，在慶功宴上，人人至少講得出一首方安洛演唱過的歌，更有幾人講得頭頭是道，聽得方安洛都有些呆掉了。

「當初我看到歌單裡有〈流螢〉時就覺得穩了，雖然那不是您最有名的一首歌，卻是讓人印象深刻的一首歌。」藍星音樂的編曲師高興地對方安洛說，「可惜只有三首歌，您的現場唱功很穩，肺活量也不錯。」

「我以前是駐唱歌手。」方安洛笑著回答。

「哦，怪不得。」編曲師以一種刮目相看的表情說道：「橙橙跟我說你好幾年沒唱歌了，我本來還擔心突然唱現場會有問題，結果你唱得簡直比橙橙還穩，不愧是駐唱歌手出身。」

在一旁小酌的葉允橙已經有些醉了，聽到有人誇讚他的偶像，立刻湊過來，面帶驕傲地幫腔：「那當然，他可是方安洛！」

「知道了、知道了，你的安洛哥哥是最棒的，還是最帥的，可以嗎？」

葉允橙蹙了蹙眉，看著編曲師戲謔的笑容，總覺得哪裡不對。

他如果腦袋夠清楚，就會當場要求編曲師別胡說，並跟方安洛解釋這只是個玩笑，可他現在頭腦昏沉，就這麼默默坐下來，什麼也不解釋，形同默認。

方安洛看到編曲師朝自己眨了眨眼，而後攬住葉允橙的肩膀，殷勤地倒了一杯酒遞給葉允橙。

「今天安洛唱了好幾首歌對吧，你有特別喜歡哪一首嗎？」

「〈流螢〉。」葉允橙不假思索地回，毫不猶豫地舉起杯子一飲而盡。

「還有嗎？你無聊時在錄音室常唱的那首叫什麼來著？」編曲師又替葉允橙倒了一杯酒。

「〈長夜漫漫〉。」

方安洛挑起眉頭，這首並不在今天的歌單上。

「哇，那今天安洛哥哥能來獻唱幾曲一定讓你很開心吧。」

葉允橙點頭如搗蒜，又把手中的酒杯喝乾了。

「這麼開心呀？可見你很喜歡安洛哥哥嘍。」

「嗯。」

當葉允橙親口坦承時，方安洛感覺心底彷彿炸開一朵煙花，嘴角止不住地上揚。他的目光越發灼熱，迫切地想聽更多。

編曲師也很懂，他停止倒酒動作，笑咪咪地問：「有多喜歡？」

葉允橙猶豫了，目光挪到方安洛身上，一時也理不清自己到底多喜歡這個人。

方安洛就像螢火，在那段陰暗的時光裡始終亮著溫柔的光芒，讓他感到一絲溫暖。可認識這個人以後，他喜歡得越來越多，喜歡到不再甘於當個粉絲。

不當粉絲還能當什麼？他不清楚。

「我……」他頓了頓，試著摸索出一個答案，就在此時，有人抓住他的手臂。

「學長。」許晉元瞄了一眼方安洛，斟酌地表示：「家麟哥找你。」

「哦，好……」葉允橙眼神渙散但還是立刻站起身，乖乖地被許晉元拉著走了。

「嘖嘖，某人吃醋了。」編曲師在後頭調侃一句，許晉元只是默默看了他一眼，沒說什麼就走了。

「他們關係很好？」方安洛狀似漫不經心地詢問。

「他們認識快十年了，能不好嗎？不過我看晉元這小子就是鐵打的異男，他們不太可能在一起。我記得有一句話叫……憑實力單身？說的就是許晉元。」編曲師想到過往打聽到的許晉元的情史，忍不住搖頭嘆氣。

許晉元打了個噴嚏。

「要換個位子嗎？你坐在風口。」葉允橙看了一眼頭頂上的冷氣出風口。

「你還沒準備好，別跟他說太多。」許晉元搖了搖頭，然後拍拍葉允橙的手，提醒了一句。

許晉元知道葉允橙這人酒喝多了就藏不住話，偏偏又有很多心事，每次醒來都懊悔無比，屢試不爽。剛剛他聽了幾句就知道再這樣下去會出大事，只好趕緊把人拉走。他知道編曲師是好意想撮合學長和方安洛，但他們之間的事不是三言兩語說得清的。

「怎麼過來了？難得可以跟你的偶像聊聊天，不多聊一下？」溫家麟頗爲訝異葉允橙會拋棄方安洛跑過來，他以爲葉允橙是那種見色忘經紀人的類型，「《對鬼彈琴》也殺青了，以後要製造見面機會就很難了，不趁機多聊幾句嗎？」

「他們不缺機會。」

聽到許晉元不鹹不淡的一句話，葉允橙頓時笑開懷：「沒錯，我等等還要跟安洛哥哥續攤。」

此話一出，溫家麟和許晉元都沉默了。

說實話大家都是成年人，他們也沒什麼立場阻止，只不過喝醉的葉允橙就是台無情的自爆機器，這才是兩人最擔心的部分。

「你別喝了。」許晉元把葉允橙手中的酒杯拿走。

「去洗把臉吧，你會後悔的。」溫家麟語重心長地建議。

葉允橙聽話地去洗臉，待他回來時，人總算清醒了點，也發現大多數人都湊到了方安洛那。

藍星音樂的員工們早看膩自家的兩位歌手，如今來了個炙手可熱的總裁，大伙自然開心。一行人過去要了簽名，還順便推銷一下葉允橙，說儘管利用他沒關係，有音樂方面的合作都可以找他，其話裡的涵義明顯到方安洛都忍不住笑場。

慶功宴散會後，一行人回家的回家，續攤的續攤，在人潮散得差不多之際，方安洛和葉允橙這才坐上了計程車，低調地前往下一處。

「我們要去哪喝？」葉允橙腦袋微暈，神智也有些渙散，勉強還能正常對話。

「去我的地盤。」方安洛露出神祕的笑，「我知道你沒辦法適應那種環境，所以之前一直沒介紹給你，現在應該可以了。」

葉允橙點點頭，閉上眼睛，微醺的醉意將他拉進黑暗中，那裡有好多螢火蟲，還有天使般的歌聲，他不知不覺將頭靠在方安洛的肩膀上。

不曉得過了多久，計程車抵達目的地，葉允橙迷迷糊糊地下了車。他跟著方安洛走在昏暗的街道，遠方的霓虹燈點亮了方安洛的側臉，看得葉允橙微微瞇起眼。

興許是他的目光太過炙熱，方安洛忍不住停下腳步。

葉允橙差點撞上去，他及時停下，愣了愣，對方安洛投以不解的目光。

方安洛握住他的手，力道雖然不大，卻讓他無法掙脫，「你這樣看我，會讓我心神不寧。」

葉允橙沒有說話，訕訕地垂下頭，假裝沒有這件事。

「我今天唱得很好吧？」方安洛忽然話鋒一轉。

葉允橙無暇思考，順著他的話用力點頭。

「既然我表現得這麼好，是不是該給我獎勵？」

「獎勵？」聽到這個詞，葉允橙想到之前他在直播中發CP糖給粉絲。

可他模模糊糊地想到上次提到這個詞後，他做出了令自己懊悔無比的事，理智告訴他，獎勵是要發給粉絲的，不是拿來滿足自己私心的。

見葉允橙猶疑不定的樣子，方安洛往前站了一步，向後環顧一圈，這裡沒有監視器也看不到其他行人。這是當然的，畢竟只有當地人才會在深夜走這條小路。

葉允橙毫無戒心地跟來，讓他覺得無比可愛。

「不然這樣好了，你今天也表現得很棒，換我給你獎勵如何？」

聽到最後一句，葉允橙眼睛亮了，沒有人不喜歡獎勵，尤其是偶像親自給的獎勵。

「你很勇敢，在台上的樣子很耀眼，我喜歡緊抓著一線光明，用盡全力朝我跑來的你。」

葉允橙聽得心臟狂跳，他閉了閉眼，艱難地否認，「我沒有跑過來。」

「這只是個比喻。」方安洛笑了笑，抬起他的下巴，「我想給你獎勵很久了，你一定也會喜歡的。」

語畢，方安洛低頭吻了他。

葉允橙的唇瓣微涼，唇齒交纏間，他嚐到一絲淡淡的酒味。

方安洛感覺自己醉得厲害，另一隻手忍不住摟緊葉允橙的腰，讓兩人之間再無距離。

突如其來的發展讓葉允橙昏沉的腦袋完全清醒了，他睜大眼睛，內心那輛失控的列車此刻不僅是已經脫軌，根本直接摔下懸崖。

「等……等等！」他奮力推開方安洛，錯愕無比地看著對方，一張臉也瞬間刷白，「不、不是……我們不該這樣……我……」

他感覺自己像個溺水的人，越是掙扎越是往水底陷去，他腦中一片混亂，最後哀鳴一聲，倉皇地轉身逃跑了。

對，他逃跑了。

方安洛望著葉允橙離去的背影，傻眼地站在原地。

在這段關係裡，他以爲自己拿的是總裁劇本，對方只是比較害羞，心底其實喜歡他喜歡得不得了，只要他想，隨時都可以讓這段關係開花結果。

可現在方安洛才發現自己大錯特錯，他拿的根本是人魚公主劇本，一廂情願以爲自己可以跟王子發展戀情，結果王子好像根本沒考慮過跟他在一起。

方安洛狼狽地抹了把臉，現在換劇本來得及嗎？

待續

番外

方總裁與葉祕書

在《對鬼彈琴》的拍攝期間，方安洛經常在葉允橙家練琴，偶爾彈累了，兩人會在沙發上聊聊天，或是看電視休息。

這對葉允橙來說是十分幸福的時光，他知道方安洛會彈奏一種以上的樂器，也有一套自己的品酒哲學，更加了解偶像讓他雀躍不已。

仗著跟方安洛越發親近，葉允橙也終於敢向對方提出對《總裁嫁到》的種種不滿。

「我一直覺得你在《總裁嫁到》演得很棒，只是劇情走向我不太喜歡……」

某天練琴告一段落，他們在沙發上短暫休息時，電視上正好在重播捧紅方安洛的電視劇《總裁嫁到》。

此劇當初上映時就蔚爲話題，宣傳片裡女主角身旁站著兩位氣宇軒昂的男主角，觀眾根本猜不出誰是男一。方安洛飾演的其中一位男主角，是一間上市公司的總裁，另一位男主角則是該公司的新進小職員，而女主角是總裁祕書。

鑑於這部劇叫《總裁嫁到》，大部分觀眾都認爲方安洛是男一，當初葉允橙也是這樣想，追劇時非常期待。

方總裁在劇中表現也非常亮眼，他看上這個不甩他的小祕書。不但送女主角各種令人嘆爲觀止的昂貴禮物，還開豪車送小祕書上下班，甚至在上班時間公然要求祕書跟他親熱。

眾人以爲如此霸道的總裁會被女主角的愛感化，可誰也想不到女主角從頭到尾都沒把總裁看在眼裡，反倒對小職員怦然心動。

電視上的劇情正好演到眾人發現方總裁不是董事長親生兒子，當年董事長在陰錯陽差下抱錯小孩，小職員才是董事長眞正的兒子。

「方總裁爲公司賣命多年，促成了很多大案，讓公司市值在數年間飛速成長，結果就因爲不是董事長的小孩而被踢走，這不公平，也一點道理都沒有……」葉允橙對這個劇情頗有怨言。

「公司經營狀況從來不是這部劇的重點。」

方安洛覺得很好笑，這個資訊只是爲了塑造方總裁形象，只在第一集的前十分鐘提過，沒想到葉允橙居然把這個不重要的資訊記得這麼清楚。

「你放心，我不會就此退場，我會跑到敵對公司跟新任總裁爭奪女主角。」

「女主角怎麼沒辭職跟你一起走？」

葉允橙越講越不高興，他對這部劇又愛又恨，愛的是方總裁在劇中戲分很多，恨的是這部劇的男一不是方總裁。他覺得劇中女主角眞不識貨，男主角怎麼看都比不上方總裁好嗎？

「那你覺得該怎麼做呢，葉祕書？」

「當然是跟著方總裁一起跳槽，這種家族企業不要也罷。方總裁這麼有能力，到哪都可以闖出一片天。」

「眞的嗎？假如方總裁闖不出一片天，甚至流落街頭該怎麼辦？」

「沒關係，我可以養方總裁，若無法當祕書還可以去唱歌。」

方安洛被他的話逗得笑不停，忍不住朝葉允橙挪近，一隻手擱在葉允橙身後的椅背上。

「葉祕書。」方安洛的聲音染上幾絲魅惑，勾得葉允橙不得不轉過頭來。

方安洛側過身子，這是個有點曖昧的距離，只要再靠近一點，他就能親到眼前的小祕書。但他知道小祕書會嚇到，光是這樣的距離，就已經讓對方有點緊張了。

「如果我開車送你上下班，你會心動嗎？」

「呃，其實不太會，因爲上下班時間交通都很堵塞，你開車送我上下班，我反而會花更多時間通勤。再說我家附近不好停車，如果你送我回家時停在紅線上還會被開單，我可以搭捷運或公車就好。」

方安洛忍住想笑的衝動，再問一句：「如果送你各式各樣的禮物呢？」

「千萬不要！萬一我家遭小偷或者失火怎麼辦？失去了會很心痛的……若、若眞的要送禮，陪我一起打發時間就是最好的禮物了，」葉允橙望著眼前陪他一起看電視的方安洛，神情溫柔而眞摯，「所有摸得到的物品都有失去的風險，可回憶卻是無法被人奪走的。」

方安洛聽到他的回答，一時說不出話。

這個答案莫名地令他心疼，他不曉得葉允橙爲何要說這樣的話，不過只是回憶的話，他倒是給得起。

「我們的葉祕書太乖了，方總裁不會喜歡像你這麼乖的人，他喜歡叛逆一點的。」方安洛嗓音微啞，原先放在椅背上的手往下一滑，摟住葉允橙的肩膀。

語畢，他湊到葉允橙耳邊，以幾乎要吻到耳朵的距離，語氣曖昧而繾綣。

「不過沒關係，方總裁不喜歡，我喜歡。」

葉允橙覺得自己快燒起來了，他猛然站起身，結結巴巴道：「休、休息時間結束了！該繼續練琴了！」

下一秒，他便慌亂地逃回房間裡。

方安洛看著葉允橙離去的背影，沉默一會，忍不住莞爾。

雖然有點可惜，無法跟葉祕書來場吻戲，但來日方長，總有一天他會把葉祕書親到腿軟，親到對方離不開他。

方安洛眸中閃過一絲狡黠，站起身，關上電視。

那些肥皂劇的劇情就讓它留螢幕上吧，他跟葉允橙的故事才正要開始。

後記

用唱歌驅散黑暗

大家好，這裡是久違的野生羊駝，第一次挑戰現耽題材，希望大家看得還滿意！對於值得紀念的第一本現耽小說，羊駝選了娛樂圈，以歌手爲主角。

當初在構思時，就想著要寫一個所有人都站錯CP的故事，這部小說有點特別的是，視角除了攻與受外，還會有CP粉視角，因爲通常一個有素質的CP粉是不會在本人面前發廚的，在故事裡也必須要切換到同好視角，才能看到這些粉絲的眞面目XDD，橙橙的視角只會看到粉絲們熱切支持他跟晉元搞CP，他永遠不會知道那些流傳在AO3的同人文和那些被大佬私藏起來的圖XDD。

當然，有很多粉絲都是隱性腐女，只有在特定情況下才會展現熱情，例如藍星音樂的公關王瞳XD。

不好意思這次故事的女角們比男角多，但主要視角還是會聚焦在兩位主角身上，以葉允橙的過去爲主。

說到主角葉允橙，他是一個深陷在過去的人，只要遇到特定的情景就有可能引發他的恐慌，但他若能有安全感，恐慌發作的機率就會降低。他在高中時得到了同儕的支持與理解，本來他會漸漸地平撫對黑暗的恐懼，不過一旦恢復進度有點進展，他的父親又會讓他重新體會到那份恐懼，這也導致他的創傷始終無法痊癒。

幸運的是他有方安洛作爲心靈寄託，方安洛重新喚醒他對音樂的熱愛，也成爲他前進的動力，也只有這個他喜歡了十年的偶像有辦法一次治癒他的恐懼。

雖然我一直覺得他應該去身心科治療，搭配吃身心科藥物以及持續的心理諮商，會讓他在《對鬼彈琴》拍攝現場舒適許多，但如此一來怎麼讓安洛英雄救美呢！好啦開玩笑的，實際上是因爲父親對身心科有偏見，所以葉允橙也覺得自己沒有嚴重到需要去看醫生OTZ。

最後能治好葉允橙怕黑的原因，除了最關鍵的方安洛以外，所有參加演唱會的人也功不可沒，他們手中的螢光棒照亮黑暗，把葉允橙拉回了現實。是橙橙喜歡的鋼琴、安洛，還有粉絲讓他克服了心理陰影，缺少任一個都會失敗。

傷害一個人很容易，拯救一個人卻很難，橙橙能徹底治好怕黑可說是奇蹟了，下一集就可以看到能正常在黑夜中行走的橙橙了！

大致上就是這樣！這次聚集了很多人的力量才得以出版，謝謝編輯們幫忙XD，也感謝EnLin老師的美圖！希望大家喜歡這次的故事！

草草泥

國家圖書館出版品預行編目資料

男神成了我的小三／草草泥著. -- 初版. -- 臺北市：城邦原創股份有限公司出版：英屬蓋曼群島商家庭傳媒股份有限公司城邦分公司發行, 2022.09
面；公分. --

ISBN 978-626-96353-7-5（上冊：平裝）

863.57　　111013687

男神成了我的小三（上）

作　　者／草草泥
企畫選書／楊馥蔓　　行銷業務／林政杰
責任編輯／林修貝、林辰柔　　版　　權／李婷雯

網站運營部總監／楊馥蔓
副總經理／陳靜芬
總 經 理／黃淑貞
發 行 人／何飛鵬
法律顧問／元禾法律事務所　王子文律師
出　　版／城邦原創股份有限公司
台北市中山區民生東路二段 141 號 6 樓
電話：(02) 2509-5506　傳真：(02) 2500-1933
E-mail：service@popo.tw
發　　行／英屬蓋曼群島商家庭傳媒股份有限公司城邦分公司
聯絡地址：台北市中山區民生東路二段 141 號 11 樓
書虫客服服務專線：(02) 25007718・(02) 25007719
24小時傳真服務：(02) 25001990・(02) 25001991
服務時間：週一至週五09:30-12:00・13:30-17:00
郵撥帳號：19863813　戶名：書虫股份有限公司
讀者服務信箱 email：service@readingclub.com.tw
城邦讀書花園網址：www.cite.com.tw
香港發行所／城邦（香港）出版集團有限公司
地址：香港九龍土瓜灣土瓜灣道86號順聯工業大廈6樓A室
email：hkcite@biznetvigator.com
電話：(852)25086231　傳真：(852) 25789337
馬新發行所／城邦（馬新）出版集團　Cité(M)Sdn. Bhd.
41, Jalan Radin Anum, Bandar Baru Sri Petaling,
57000 Kuala Lumpur, Malaysia.
電話：(603) 90563833　傳真：(603) 90576622
email:services@cite.my

封面插畫／EnLin
封面設計／Gincy
電腦排版／游淑萍
印　　刷／漾格科技股份有限公司
經 銷 商／聯合發行股份有限公司
電話：(02)2917-8022　傳真：(02)2911-0053

■ 2022 年 9 月初版
■ 2024 年 3 月初版 2.2 刷
Printed in Taiwan

定價／300元

ISBN　978-626-96353-7-5